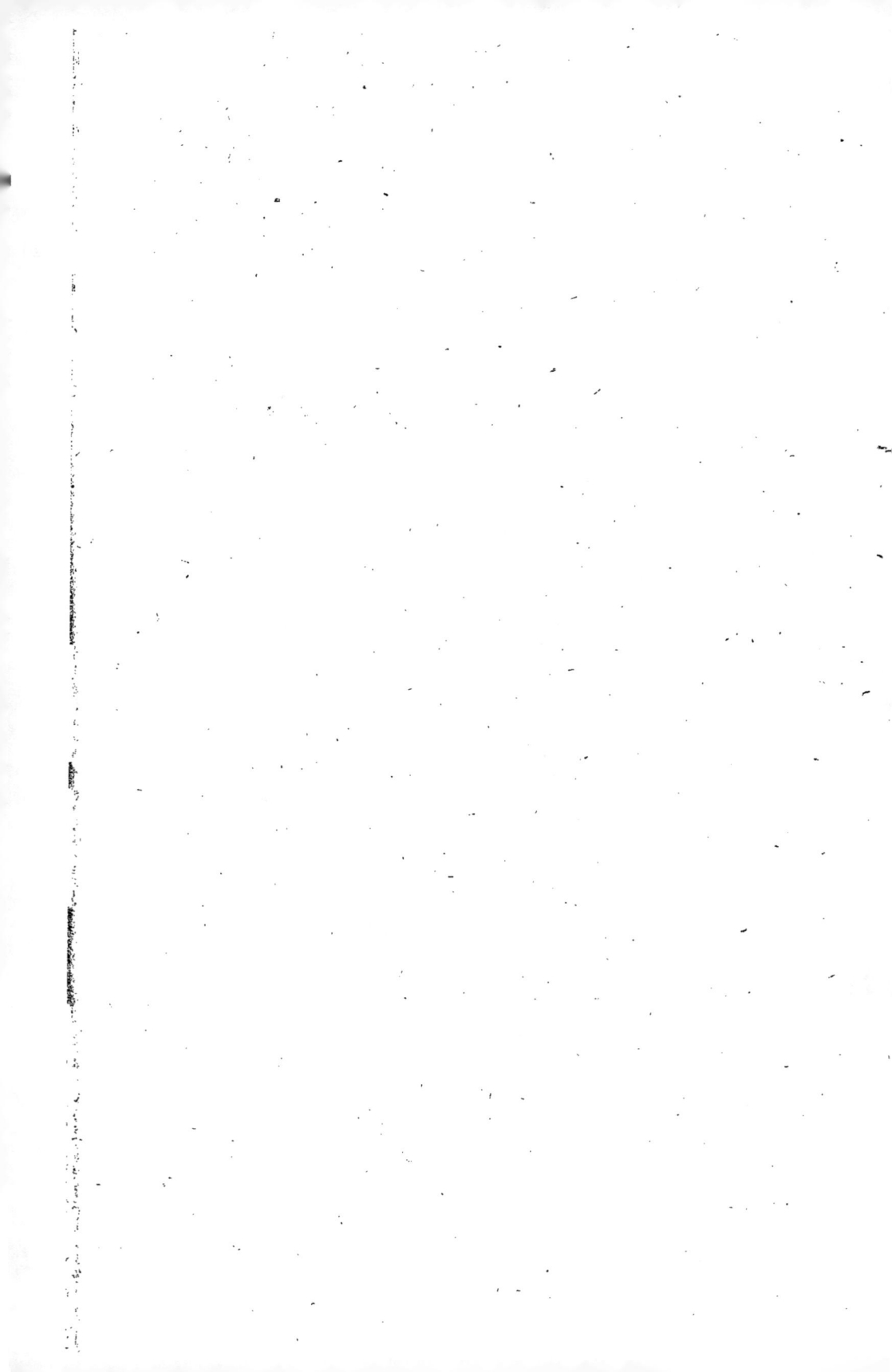

ÉCONOMIE POLITIQUE.

LA

SITUATION

MOYEN

D'ÉTABLIR ET DE CONSERVER L'ÉQUILIBRE

ENTRE :

L'ÉLÉMENT PRODUCTEUR, — L'INDUSTRIE. — LE COMMERCE.

L'ÉLÉMENT PRODUCTEUR....**FOURNIT ;**

L'INDUSTRIE............**MET EN OEUVRE ;**

LE COMMERCE.....**DISTRIBUE.**

PAR

J.-L. PICHERY.

PARIS,

CHEZ GUILLAUMIN, LIBRAIRE-ÉDITEUR,

Rue Richelieu. 14.

20 DÉCEMBRE 1848.

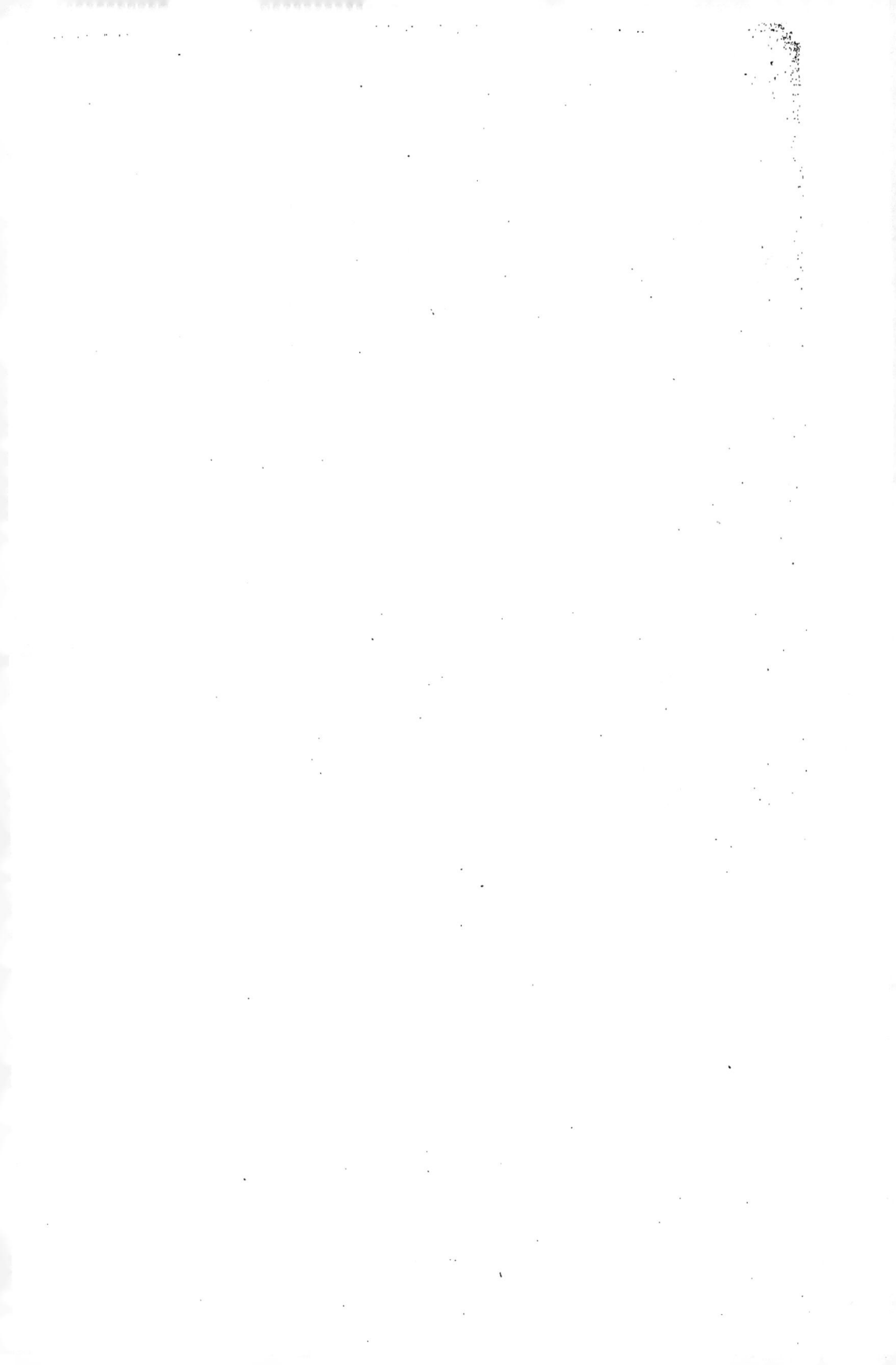

ÉCONOMIE POLITIQUE.

LA

SITUATION

MOYEN

D'ÉTABLIR ET DE CONSERVER L'ÉQUILIBRE

ENTRE :

L'ÉLÉMENT PRODUCTEUR. — L'INDUSTRIE. — LE COMMERCE.

L'ÉLÉMENT PRODUCTEUR....**FOURNIT ;**

L'INDUSTRIE............**MET EN OEUVRE ;**

LE COMMERCE.....**DISTRIBUE.**

PAR

J.-L. PICHERY.

———— ⋙✦⋘ ————

PARIS,

CHEZ GUILLAUMIN, LIBRAIRE-EDITEUR,

Rue Richelieu . 14.

—

1848.

1849

lequel l'industrie et ses progrès rapides peuvent être plus dangereux qu'utiles. Depuis quinze ans, nous marchons de perfectionnements en perfectionnements, et plus nous avançons, plus nous sommes malheureux!...

Nous avons faim dans une année d'abondance ; quand toutes les denrées nécessaires à la vie sont à bon marché, les populations manquent du nécessaire. Et pourquoi? « Le crédit public est mort, répondent les « économistes, et voilà la cause de cette misère publique. »

Mais qu'est-ce donc que le crédit public? Les substances alimentaires en sont-elles moins abondantes? Le capital métallique a-t-il diminué? « non, mais il ne circule pas ; toutes les industries chôment, le com- » merce est arrêté, et cet état durera tant que le crédit ne renaîtra pas. »

Si le crédit n'emporte rien en se retirant, son absence ne peut pas, ne doit pas plonger les populations dans la misère; il n'est rien par lui-même, il n'est qu'une fiction, et n'est-ce pas une chose déplorable de voir tout une nation dans l'indigence, quand elle possède des richesses de toute nature : produits de l'agriculture, produits de l'industrie, rien ne manque; les caves, les greniers, les magasins, tout est encombré; et parce que le crédit public, qu'un caprice fait naître et qu'un caprice détruit, a cessé d'exister, nous avons la famine, la famine au sein de l'abondance !

Il est important de trouver un système qui mette l'alimentation publique à l'abri des caprices de cette fortune fictive. Que les hausses et les baisses du crédit public fassent grandir ou diminuer les fortunes qui reposent sur de telles spéculations, soit ; mais qu'elles ne frappent pas la société jusque dans ses principes d'existence !

Cet ouvrage a pour but de présenter un plan d'organisation qui doit aider à résoudre un problème important d'économie sociale : *donner toujours et en tout temps une nourriture assurée aux populations.*

On admet généralement que les sources de la fortune sont le capital, le commerce, l'industrie et l'agriculture.

Le capital est une représentation conventionnelle de la richesse, mais il n'est pas la richesse : l'Espagne a commencé à être pauvre le jour où ses navires revinrent chargés de l'or du Nouveau-Monde. Elle avait la représentation de la fortune, elle avait la fiction et non la réalité. Qu'a-t-elle fait de cet or? elle l'a échangé contre les produits de l'agriculture et de l'industrie, qu'elle a négligés, et que lui portaient les nations voisines, lesquelles s'enrichissaient non pas en *important* l'or qu'elles allaient chercher en Espagne et qui n'y rentrait plus, mais en tirant de leur sol et de leur travail un produit sans cesse renaissant.

Le capital métallique ne peut pas s'accroître, et c'est précisémen pour cela qu'il est devenu le terme auquel on compare toutes les autres valeurs, tous les produits. Si le capital pouvait s'augmenter, s valeur irait sans cesse en diminuant, et la quantité de métal qu'o donne en échange d'un hectolitre de blé, d'une journée de travail, se rait plus grande demain qu'aujourd'hui.

Cependant, on a poussé la fiction jusqu'au bout; on a rendu le capita productif. L'Etat emprunte et paie un intérêt. On dit : si l'Etat ne payait pas l'intérêt, il ne trouverait pas de prêteurs ; c'est vrai , mais le capital que l'Etat a reçu ne s'est pas accru dans ses mains, et lorsqu'il rend 105 fr. pour 100 fr., il perd réellement 5 fr. Il emprunte pour servir la rente, ou bien il la sert au moyen des impôts qu'il reçoit ; il les hausse en proportion de la rente qu'il doit fournir , et ces combinaisons sont les meilleures qu'on ait trouvées ; mais elles n'en sont pas moins mauvaises ; et, avant de les changer, faut-il avoir quelque chose de mieux à mettre à leur place.

Le commerce de l'argent, la banque , ne peut pas être, comme on le dit , une source de fortune pour une nation. L'argent peut se concentrer dans certaines caisses , mais il n'y arrive que sous la condition qu'il en désertera d'autres ; les spéculations de bourse et de banque ne peuvent faire gagner un écu au banquier que sous la condition qu'un autre le perdra.

Le capital, qui représente la valeur de n'importe quel produit, est un moyen facile de faire les échanges ; mais vouloir qu'il soit productif comme un terrain, et plus même que le meilleur terrain, c'est folie.

On a fait plus, on a spéculé sur le capital qu'on n'avait pas ; on donnait une valeur à une promesse de capital , c'était la *fiction* d'une *fiction*. C'est ce capital absent, mais supposé, qui fait la base du crédit.

Un homme propose à un rentier sur l'Etat de lui acheter les fonds dont il est créancier, et de se substituer à sa place ; l'acheteur n'a pas de capitaux , le vendeur le sait ; cependant le marché se conclut , et demain l'acheteur ne recevra rien , le vendeur ne livrera rien , mais l'un paiera à l'autre la différence entre le taux d'aujourd'hui et celui de demain. On en fait de même pour toute espèce de denrées : on vend des sucres, des huiles , etc., que l'on n'a pas, qu'on n'aura jamais ; on ne s'en préoccupe pas, on s'informe seulement si l'acheteur ou le vendeur a du crédit.

Avoir du crédit, ce n'est pas inspirer de la confiance par la fortune qu'on possède ou par sa réputation de probité ; il s'agit bien de probité ! Avoir du crédit, c'est savoir payer une dette en créant une autre dette. Si le spéculateur est habile ou heureux dans ses spéculations , il gagnera plus souvent qu'il ne perdra , il paiera régulièrement, il aura du crédit.

Mais s'il perd plus souvent qu'il ne gagne, et s'il a le talent de payer une dette par un emprunt, en cachant adroitement cette manœuvre, on dira que cet homme fait *honneur* à ses affaires ; il paie ! il aura du crédit ; il trouvera des capitaux tant qu'il en voudra , il sera recherché par tous les entrepreneurs de travaux industriels ; il souscrira des emprunts aux gouvernements ; on dira qu'il a une fortune colossale ! Mais si l'on vient un jour à soupçonner ces manœuvres, la confiance se retire , son crédit l'abandonne ; il fait faillite, et tous ceux à qui il devait ce jour-là sont ruinés.

Telle était la position d'un grand nombre de maisons qui passaient pour être très riches, mais dont la fortune reposait sur le crédit , et qui sont tombées.

Qu'est-ce donc qu'une fortune que le seul soupçon de sa non existence peut détruire?

Le commerce ainsi fait peut être très-exactement comparé à une immense table entourée de joueurs : quand les parties sont terminées, les uns se sont enrichis, les autres se sont ruinés, mais l'argent qu'ils ont apporté n'a ni augmenté ni diminué ; il a passé de la main des uns dans celle des autres.

Depuis longtemps, on se plaint de la rareté du capital, il n'était pas rare, il circulait ; mais il n'allait que d'une maison de commerce dans une maison de banque, d'où il retournait dans la même maison, et parcourait toujours le même cercle ; accumulé dans les mains de ceux qui avaient su se faire un crédit, il servait d'enjeu aux parties à la hausse et à la baisse.

Les affaires de février ont tué le crédit, et le capital est resté où il se trouvait.

On espère beaucoup dans la renaissance du crédit ; quand il renaîtra, il se fera quelques transactions, quelques spéculations ; mais à coup sûr il ne pourra pas sauver la position actuelle.

Si le capital est improductif, s'il n'est pas autre chose qu'un moyen facile et commode pour les échanges, s'il n'est pas et s'il ne peut pas être la richesse d'un pays, en est-il de même du commerce et de l'industrie ?

CHAPITRE II.

DU COMMERCE ET DE L'INDUSTRIE.

Qu'est ce que le commerce. — Le commerce enrichit-il les nations. — Quel est son but. — Quels services peut-il rendre aux sociétés. — La concurrence. — A qui profite-t-elle. — Que produit l'industrie. — Que doit-on attendre d'elle — Un trop grand développement de l'industrie peut-il être nuisible. — Son influence sur le moral des peuples. — L'aumône des municipalités est-elle un bien. — Est-elle utile. — Profite-elle à celui qui a besoin. — Le développement excessif de l'agriculture peut-il entraîner quelques inconvénients. — L'Angleterre. — Sa prétendue richesse. — De la misère croissante qui la ronge sourdement. — Son avenir prochain.—Précautions à prendre pour la santé de l'ouvrier.

On pense généralement que si le commerce pouvait renaître, que si les affaires pouvaient reprendre, la position sociale deviendrait prospère. C'est une erreur. La reprise du commerce pourrait temporairement rendre meilleure la position de quelques commerçants, mais cet effet serait de peu de durée, et ne profiterait qu'à quelques marchands.

Le commerce n'enrichit pas et ne peut pas enrichir les sociétés ; ceci ressemble tout d'abord à un paradoxe, et n'en est pas moins une vérité. Le commerce a pour but d'échanger une denrée contre une denrée ou contre de l'argent ; le commerçant gagne dans cet échange , mais comment gagne-t-il ? en donnant moins qu'il n'a reçu, ou, ce qui revient au même, en vendant plus cher qu'il n'a acheté. Ce gain est de toute justice ; il est allé chercher une marchandise dans un pays , il la porte dans un autre ; son temps et son travail doivent lui être payés ; mais c'est l'acheteur qui paie. Le commerce emporte des produits des lieux où ils sont trop abondants et va les répandre dans les endroits où ils manquent ; il donne du café à l'Europe, du vin à l'Amérique ; mais il ne produit ni le vin ni le café. Les nations commerçantes se sont enrichies, mais c'est aux dépends des autres nations ; et aujourd'hui que tous les peuples font du commerce, il n'est plus pour aucun un moyen de faire fortune. On a senti cette vérité depuis longtemps : on *croit* qu'il est plus avantageux d'avoir un produit chez soi que de l'acheter chez ses voisins. Les économistes ont dit à tort « qu'il valait mieux se servir des fers de France, qui coûtent plus cher , que de recevoir ceux de Suède , qui coûtent moins et sont meilleurs. »

Quand toutes les nations font du commerce entr'elles, que font elles autre chose que d'échanger leurs produits ? Chacune d'elle ne gagne qu'aux dépens des autres ; et si toutes gagnent, c'est comme si aucune ne gagnait.

Sans doute, le commerce doit être encouragé, il fait que chacun peut jouir de toutes les productions du sol. Le travail du commerçant est un travail que la société paie, mais qui n'est pas productif.

On peut comparer le commerce aux chemins et aux routes qui sillonnent un pays, ils sont utiles, rendent les communications plus faciles, il faut les entretenir avec soin, mais ils sont stériles, improductifs.

Le commerce ne peut prendre de l'extension que dans certaines limites, quand il les dépasse, il tourne dans un cercle vicieux. Si tout le monde ouvrait une boutique, chacun vendrait moins ; c'est ce qui s'est vu depuis 18 ans : le nombre des vendeurs s'est considérablement accru , celui des acheteurs n'a pas augmenté à proportion ; le marchand s'installait à côté du marchand. Chacun d'eux voulait attirer le plus grand nombre d'acheteurs, et tous les moyens étaient employés : luxe ruineux de décoration dans les magasins, frais énormes d'affiches, d'annonces dans les journaux ; cela ne suffisait pas toujours, ils baissaient le prix de leurs marchandises, ils vendaient à perte jusqu'à ce que celui qui était le moins riche, ou qui avait le moins de crédit, eut fait faillite ; alors, l'autre recevait les acheteurs qui fréquentaient la boutique de son confrère, mort commercialement.

Pendant ces luttes acharnées, ils se plaignaient très fort que le commerce allait mal. Sans doute, il allait mal, mais c'est parcequ'il allait trop.

L'industrie que l'on regarde comme une source de la fortune publique, a pris dans ces derniers temps un développement prodigieux : tout est venu à son aide ; pendant quelque temps elle a disposé de tous les capitaux, elle a attiré vers elle presque tous les bras. Des machines d'une grande puissance, d'une construction admirable, sont venues multiplier les moyens de fabrication ; les ateliers industriels placés dans les grandes villes étaient dirigés par des hommes habiles ; tous les progrès des sciences avaient pour but le perfectionnement des procédés industriels, et l'industrie savait mettre à profit toutes les découvertes scientifiques. Qu'a fait l'industrie? qu'elle amélioration a-t-elle produite dans la condition des masses ? qu'est-elle devenue elle-même ? aujourd'hui, elle est aux abois.

C'est que l'industrie ne crée rien, ne produit rien ; elle est très habile à transformer les matières qu'on lui donne, mais elle est impuissante pour augmenter la somme des possessions.

Donnez du plomb à l'industrie, elle en fera de la litharge, de la céruse, du minium, des vernis pour les poteries, du cristal, etc. ; si elle a fabriqué trop de ces produits, si la matière première lui manque, elle saura la reprendre dans tous ses composés, elle les défera, les refera selon les besoins, mais elle n'aura pas créé un atôme de métal.

Avec du grain, elle sait faire de la fécule, de la dextrine, de la bière, du sucre, de l'alcool, du vinaigre, mais il lui faut des céréales et elle est incapable d'en produire.

L'industrie sait filer, tisser, varier à l'infini les formes que l'on peut donner au fil, à la laine, mais qui lui donne le chanvre et la laine ?

Quand l'industrie a fabriqué, il faut qu'elle vende, elle court après les acheteurs, et quand un produit n'a pas d'écoulement elle le transforme en un autre, c'est un nouveau travail pour lequel il faut un nouveau salaire. Elle cherche à diminuer les frais de fabrication pour pouvoir baisser ceux de la vente, car la concurrence est là ; elle employait des bras, elle prend une machine qui fait plus vite et à meilleur marché ; puis, elle dit à ses ouvriers : On me fait concurrence, votre travail devient trop coûteux, je ne puis plus vous occuper, ou travaillez au même prix que les machines. Il faut bien que le travailleur accepte. Il se mutine d'abord, il dit qu'on l'exploite, que le patron s'enrichit aux dépends du travail excessif qu'il exige ; le patron ne s'enrichit pas, il recule sa ruine et c'est tout. Cependant la faim force l'ouvrier à se contenter du prix qu'on lui offre, et c'est alors que ses forces s'épuisent, car la nourriture que son gain lui procure est insuffisante.

Il veut vivre à bon marché, et il se trouve des gens qui lui vendent des substances alimentaires de qualité très inférieure ; mais la concurrence vient encore se mettre parmi ces marchands : c'est à qui vendra le plus, et par conséquent à qui vendra au plus bas prix, et les aliments deviennent l'objet de fraudes qui souvent les rendent vénéneux.

On a remarqué que les populations industrielles étaient très irascibles, s'ameutaient pour les plus légères causes, et se portaient aux plus grands excès ; il n'y a pas à s'en étonner : un travail excessif, un salaire insuffisant et une nourriture malsaine et dangereuse influent sur le caractère et sur la santé d'une manière assez puissante pour que les effets s'en manifestent sous une forme qui trouble souvent la tranquillité publique.

Après avoir fabriqué, l'industrie, quand elle ne vend pas, cesse de travailler, et ses ouvriers chôment. Le chômage ou le travail excessif, voilà ce qui attend les populations industrielles ! Mais le chômage, c'est la famine pour l'ouvrier. Que lui importe le bas prix des denrées ? Fussent-elles encore moins cher, il ne peut pas les acheter : la charité publique vient à son aide, j'en conviens ; mais il s'indigne de recevoir l'aumône quand il se sent capable de gagner par son travail, et d'exiger alors, comme l'ayant légitimement acquis, ce qu'on lui accorde comme une charité.

Cet ouvrier a une femme, des enfants ; leur avenir le préoccupe ; cependant il prend patience, peut-être un temps meilleur viendra ; il attend. On a voté des sommes énormes pour subvenir aux besoins des populations indigentes. Epuisé par les souffrances, l'ouvrier transige avec sa dignité : il consent à recevoir, sinon pour lui, du moins pour sa famille, l'aumône que distribuent les municipalités.

Mais qu'arrive-t-il ? Des tourbes de gens sans cœur font métier de vivre de l'aumône publique : ils sont inscrits sur le livre des indigents ; ils assiégent les bureaux de distributions ; ils étalent dans les rues *la squaleur* d'une misère exagérée ; on leur donne, ils reçoivent et demandent encore et demandent toujours. Les distributeurs des secours portés à domicile ne vont que chez ceux qu'ils entendent crier, chez ceux qui les appellent ; et ces distributeurs ont leurs créatures qui les prônent, qui vantent et publient leur générosité ; ceux-là ne manquent de rien : ils revendent (et c'est souvent le seul métier qu'on leur connaisse) ce qu'ils ont reçu en plus de leurs besoins.

L'aumône publique, quelque abondante qu'elle soit, ne remédiera jajamais à rien et sera toujours mal distribuée, quelque soin que l'on y porte.

L'honnête ouvrier, l'homme de cœur qui ne sait pas mendier, attend en vain dans sa mansarde qu'on vienne le secourir ; il voit la misère et la faim affaiblir peu à peu ses forces, la santé de sa femme et de ses enfants ; il voit les progrès de cette mort lente.....

Qu'un démagogue se présente alors, et ces hommes descendront dans la rue ; ils déploieront le drapeau, si connu, qui porte cette terrible devise : *Vivre en travaillant, ou mourir en combattant !!!* Et on leur envoie des baïonnettes...

Soyons justes envers tout le monde : plaignons l'homme qui croit sauver sa famille en combattant, et abstenons-nous de blâmer les gouvernants, qui ont répandu de larges aumônes, et qui se trouvent réduits à la triste extrémité de verser le sang pour empêcher de plus grandes calamités.

Mais pourquoi cet état de choses chez un peuple qui marche en tête de la civilisation européenne ? C'est parce que l'on a trop espéré du commerce et de l'industrie ; on leur a demandé ce qu'ils ne peuvent donner.

Le commerce et l'industrie, avec ou sans les capitaux, peuvent procurer aux nations les agréments de la vie, un vêtement élégant et commode, une habitation saine et élégante ; mais ils n'empêcheront pas la famine, et ils peuvent la faire naître même au sein de l'abondance, comme on le voit aujourd'hui. Ils amènent avec eux la concurrence et le désir immodéré de faire une fortune rapide, deux fléaux de la société, qui l'ont si profondément démoralisée.

Prenons l'homme à l'état natif, et suivons-le dans sa marche progressive ; examinons également l'industrie à son point de départ, et essayons d'esquisser les causes qui ont amené son développement et les effets qui doivent en résulter.

L'homme naît *industrieux*. — Etre *industrieux*, c'est avoir l'intelligence souple, facile ; c'est avoir la faculté de savoir faire et disposer d'une manière commode les objets à notre usage.

Être *industrieux*, c'est savoir découvrir de nouveaux moyens, de nouvelles ressources pour de nouveaux besoins.

L'animal a des instincts, l'homme est industrieux.

INDUSTRIEUX, c'est le commencement du génie !

INDUSTRIEUX appartient à tous, c'est la représentation du bien être : c'est l'état *normal* de l'homme.

Les rivalités de peuple à peuple, le despotisme des rois, l'oppression des grands, les différences de caste, l'orgueil, la vanité, le désir immodéré de faire fortune, ont créé l'*industriel* : c'est l'état *anormal* de l'homme.

Les sociétés se sont classées, l'hérédité a été établie dans la famille, et tel enfant est né prince quand tel autre est né paysan, est né *peuple*. Celui-là est riche, a de tout en abondance ; celui-ci manque du nécessaire.

Il arrive que deux plantes de même espèce ne croissent pas également : l'une, placée dans un terrain fertile, approprié à sa nature ; l'autre sur un sol ingrat ; la première s'étiole et meurt, la seconde grandit, étend ses racines et va s'approprier les éléments qui lui conviennent. De pareils effets sont plus fréquents chez les animaux : beaucoup, dont on prend grand soin périssent, quand d'autres, nourris avec des aliments semblables et même inférieurs, abandonnés à eux-mêmes, deviennent forts et vigoureux.

A mesure qu'on monte d'un degré dans l'échelle de la création, l'organisme des êtres est plus compliqué et les besoins sont plus grands.

L'homme est placé au faîte de l'échelle, aussi a-t-il des difficultés sans nombre pour arriver à maturité.

Qui a élevé le premier enfant ?...

Il faut vingt-cinq ans pour faire un homme, la moitié n'atteint pas cet âge.

Dans une même famille naissent des bossus, des infirmes ; les uns ont une complexion délicate, les autres, robustes et forts, ne connaissent pas la maladie. Celui-ci naît intelligent, quand celui-là naît idiot.

L'un a pour lui tous les avantages : il a vigueur, esprit, activité ; il est sobre ; l'autre a les défauts opposés à ces qualités. Ces deux hommes marcheront-ils d'un pas égal dans leur carrière ?

Il naît autant d'hommes *bien constitués*, forts et intelligents parmi les classes pauvres que parmi celles qui jouissent des faveurs de la fortune. S'il n'en était pas ainsi, le Créateur ne serait pas le dieu juste et bon qu'on nous a appris à aimer.

L'instruction, vulgarisée chez nous, a fait connaître aux hommes du peuple forts et intelligents quels étaient leurs droits naturels ; ils se sont comptés ; et notre vieille société a croulé.

Pour arriver où nous sommes, il a fallu des efforts inouïs ; un seul levier pouvait en procurer les moyens : la richesse !

Les peuples, avides de jouissances, se sont fait industriels et commerçants ; ils ont laissé là leurs champs pour goûter au fruit des villes, pour rattraper ceux des leurs, richement habillés et traînés dans d'élégantes voitures.

Ces derniers, devenus *industriels*, avaient conquis la *richesse!*..

La civilisation a grandi, l'intelligence des peuples a pris d'immenses développements : l'éducation des sociétés commence....

L'industrie nous a fait connaître de quels efforts l'homme était capable, quelles ressources il pouvait trouver dans son génie ; aidé de la science et de la richesse, elle a fait des progrès inouïs ; stimulée par l'avidité et l'ambition, elle a reculé les bornes du possible. L'industrie est devenue la plaie de l'humanité!...

Où s'arrêtera-t-elle? ..

Jetons un coup-d'œil sur l'Angleterre.

L'Angleterre pauvre, placée dans une petite île, sous un ciel brumeux et froid, aux confins de l'Europe,

Et penitus toto divisos orbe britannos.

s'est faite marchande ; elle est devenue la reine des mers.

La vie de l'homme est plus longue dans un climat froid et la progression de la population plus considérable que dans les pays méridionaux ; sa constitution est plus robuste, son organisation plus forte, sa volonté plus persévérante, son courage plus infatigable.

Il est arrivé un moment où la Grande-Bretagne, après avoir demandé au sol toutes ses ressources, n'a pu nourrir ses habitants. Les grands, les riches allaient être débordés par la faim ; il y eut un congrès ; ils comprirent qu'ils devaient s'unir pour rester forts, et toutes les richesses amassées furent employées à construire des vaisseaux et à aller porter au loin le trop-plein de leur population, à aller chercher de nouvelles ressources. Les difficultés qu'ils éprouvèrent leur enseignèrent qu'il fallait marcher avec ensemble pour conquérir par la force les subsistances qui manquaient chez eux. Ce sont là les premières causes qui ont rendu l'Angleterre si puissante, qui l'ont amenée à l'apogée de sa gloire !

Les premières conquêtes de l'Angleterre lui furent faciles. Les peuplades chez lesquelles les Anglais descendirent étant divisées et peu nombreuses, habituées à une vie frugale, ignorant la plus-part l'art de cultiver le sol, se contentant des fruits sauvages, de la pêche et de la chasse, cédèrent sans trop de peine un terrain dont elles ne tiraient aucun parti. Ennemies entre elles, elles ne songèrent pas à se réunir pour repousser leurs agresseurs ; nomades , elles allèrent ailleurs vivre de la vie facile à laquelle elles étaient habituées.

Ces premiers succés enhardirent les Anglais, ils se sont considérés dès-lors comme des conquérants auxquels tout devait céder, comme des êtres d'une nature supérieure. Ce qu'ils avaient fait pour le nécessaire, ils le firent pour l'abondance ; ils se firent protecteurs, ils rendirent des peuples tributaires !

Les autres nations de l'Europe imitèrent l'Angleterre : la Hollande , la France et l'Espagne devinrent ses rivales. Dès-lors l'ambition , l'orgueil, l'amour insatiable des richesses sont venus s'y mêler. La persévérance de l'Angleterre, jointe à la parfaite union de ses forces, lui ont donné une suprématie qu'elle a toujours conservée.

Elle rapportait des pays qu'elle avait conquis ou qu'elle s'était approprés des produits de toute nature qu'elle faisait transformer à son usage. Partout où elle rencontrait une invention nouvelle, elle s'en emparait , la perfectionnait et l'exploitait souvent aux dépens de celui qui l'avait découverte. Elle porta son esprit et ses mœurs partout où elle posa le pied, et un moment arriva où , n'ayant plus de conquêtes à espérer, et n'ayant pas assez de forces pour garder ce qu'elle avait su conquérir ; elle allait se trouver de nouveau comme elle était à son point de départ, débordée par son propre peuple, que l'aristocratie tenait en lisière. C'est alors que l'Angleterre devint industrielle et marchande ; c'est alors que son génie commercial se développa : elle construisit de vastes usines, elle emprisonna, elle enterra vivante dans des ateliers sans air , souvent sous terre, la moitié de sa population. Elle alla chercher des matières premières sous tous les ciels ; elle sut fabriquer mieux, en moins de temps et à meilleur marché que les autres pays ; elle échangea ses produits manufacturés contre des denrées de toute nature , elle fit d'immenses bénéfices, et devint réellement riche. Les nations voisines la suivirent encore dans cette voie nouvelle , et une époque est arrivée où chaque peuple sut fabriquer les objets nécessaires à sa consommation.

L'Angleterre ne pouvait rester inactive, il fallait bien qu'elle nourrit ses armées et qu'elle entretint ses navires ; qu'elle conservât ses possessions et protégeât ses comptoirs; vaincre ou mourir, telle était son rôle. Elle montra tout ce dont elle était capable, elle déploya une vigueur sans égale ; elle n'eut plus de repos. Le *congrès* pâlit sur la carte du monde, comme un joueur d'échecs qui a pour enjeu son honneur et sa fortune. Toutes les petites îles, tous les passages furent visités , tous les peuples furent interrogés, ont sut les usages, les besoins et les ressources de chacun. On inventa les machines, l'industrie devint une guerre ! ! !

Les classes privilégiées n'étaient plus assez nombreuses ni assez fortes pour diriger tant de travaux, pour contenir tant de peuples ; elles associèrent malgré elle et à leur grand regret, des travailleurs sortis de leurs ateliers, et une classe bourgeoise non moins avide est venue faire concurrence à l'aristocratie qui l'avait élevée, lui avait appris ses secrets et ses moyens de domination.

C'est à qui gagnera le plus d'or, fabriquera le plus vite !

Les machines trouvèrent dans les houilles de l'Angleterre un aliment qui fit leur succès et leur donna un avantage marqué. Une usine s'éleva à côté d'une autre usine, on enrégimenta des travailleurs par centaines, par milliers... l'économie du temps atteignit ses dernières limites, l'ouvrier occupé à ne faire, comme une machine, qu'une seule et même chose, l'exécutait plus rapidement et mieux ; il s'abrutit à ce mouvement monotone, sans variété et purement machinal ; et il dut perdre tout espoir de sortir de cet antre, qu'on nomme une fabrique. Il y use sa vie étiolée par un travail excessif et continuel ; son tempérament s'affaiblit par les limailles, le gaz, le manque d'air pur, les miasmes répandus par un trop grand nombre de travailleurs rassemblés dans un petit espace, par les odeurs et la poussière des matières qu'il emploie ; il vit de la vie de l'animal.

L'esclavage des noirs est cent fois préférable à la position de l'ouvrier anglais.

Il est impossible de dire tous les efforts qu'a fait l'Angleterre. S'il fut resté une place vide sur notre planète, elle serait allée y créer un monde nouveau pour lui vendre les marchandises de ses fabriques...

Pour l'Angleterre, tout est chiffre, tout est égoisme ; le sentiment lui est étranger :

Si elle projette une expédition, elle fait à l'avance ses calculs, son budget, sa balance ; combien de sabres, combien de baïonnettes, combien de kilogrammes de poudre, combien de denrées à rapporter, combien de marchandises à vendre !... Si elle ratifie un marché, à coup sûr c'est qu'elle y gagne ; si elle prête ses vaisseaux, c'est pour un intérêt ; si elle appelle les peuples pour concourir avec elle à une œuvre philantropique, comme l'abolition de l'esclavage, par exemple, soyez certain est qu'elle y trouve un avantage.

Que deviendra donc l'Angleterre, et quelle sera sa position dans un avenir *très-prochain ?* Ses fabriques ne sont plus les seules qui produisent, les nations voisines commencent à lui disputer le monopole du commerce maritime : les Amériques, la France, la Hollande, l'Allemagne fabriquent ; l'Espagne elle-même commence à devenir manufacturière, et l'Italie possède des fabriques peu nombreuses encore, mais très-florissantes. Tous ces vaisseaux vont faire une concurrence redoutable que les flottes anglaises ne pourront pas soutenir avec avantage, et le temps est passé où l'Angleterre savait trouver un *casus belli* pour écraser toute marine naissante.

Les temps ne sont plus où les Anglais allaient brûler les vaisseaux d'Alberoni dans les ports de l'Espagne !...

Sa dette publique est énorme ; et quand les débouchés lui manqueront, même avant, lorsqu'on verra qu'ils vont lui manquer, son crédit tombera. Fera-t-elle la guerre alors ? contre qui ? Contre toutes les flottes d'Amérique et d'Europe ?...

L'Angleterre industrielle n'a-t-elle pas à côté d'elle l'Irlande, dont les habitants meurent d'une mort inconnue aux nations civilisées : la faim !

Que faut-il pour porter un coup mortel au crédit de l'Angleterre ?

Une guerre maritime dans laquelle elle éprouverait non pas une défaite, mais un simple échec.

Que la France sache donc profiter de ses ressources territoriales, qu'elle mette ses populations à l'abri de la famine, elle deviendra forte et puissante, elle continuera son rôle initiateur dans la civilisation européenne ; qu'elle laisse l'industrie de côté, qui ne profite qu'à quelques-uns et rend les autres misérables. L'industrie a fait dévoyer notre société, et notre société a besoin d'être remise dans ses rails. Qu'on ne s'effraie pas d'entendre dire qu'il faut abandonner l'industrie. C'est une plante absorbante qui envahit autour d'elle ; elle est vivace et malfaisante, elle renaîtra toujours assez vite ; elle arrête au passage tout ce qui quitte son champ, et pour dix qui brident le monstre, mille sont dévorés par lui. Enfin, si l'industrie créait la richesse et rendait les peuples heureux, le peuple anglais serait le peuple le plus heureux de la terre ; d'où vient que les trois quarts de ses habitants sont couverts de haillons et manquent du nécessaire.

Si j'appuie aussi longuement sur l'industrie, c'est que je n'ignore pas toutes les difficultés à surmonter, toutes les oppositions que je rencontrerai, tous les intérêts qui se *croiront* froissés. L'industrie est parée d'une ceinture aux couleurs vives ; les diamants qui ceignent son front ne sont que des pierres fausses. Si l'on veut être vrai, loyal et honnête, qu'on examine avec moi la condition de l'ouvrier industriel (et l'ouvrier, c'est le grand nombre, c'est la masse, c'est le peuple), quel sort lui est réservé ? Il est privé des loisirs de la famille ; le chômage répété ne lui permet pas de faire des économies ; perché sous les toits dans des rues étroites, il respire des miasmes putrides, il meurt sur un grabat, ou quitte la vie dans le lit d'un hôpital.

Les lignes suivantes que nous empruntons à une de nos feuilles publiques, prouveront que la peinture que nous avons faite de la situation malheureuse de l'ouvrier, est encore affaiblie :

« Il résulte des tables de mortalité en Angleterre une donnée curieuse, savoir : que le soldat combattant sur la tranchée d'une ville saccagée ou sur un champ de bataille, en présence des plus braves de ses ennemis, est exposé à moins de chances de mort que l'habitant de certaines villes manufacturières d'Angleterre, telles que Manchester, Liverpool, etc. La chance de mort au siège d'Anvers, était comme 1 est à 68 ; au siège de Badajoz, 1 à 54 ; à la bataille de Waterloo, 1 à 30. Pour l'ouvrier de Liverpool, la chance de mort est comme 1 est à 19 ; pour le tisserand de Manchester, comme 1 est à 17 ; *pour le coutelier de Sheffield, comme 1 est à 14.* Il serait bon que ceux qui affichent tant d'optimisme en traitant les questions sociales à l'ordre du jour, méditassent un instant ces quelques lignes, qui en disent plus sur le sort de l'ouvrier que bien des gros volumes. »

En face d'un tableau aussi effrayant ne devrait-on pas soumettre tout atelier a un examen préalable, déterminer le nombre des ouvriers qui pourront y être employés relativement a son espace, et exiger que les conditions

D'AIR SOUS LE RAPPORT HYGIÉNIQUE Y SOIENT RIGOUREUSEMENT
OBSERVÉES.

On peut ainsi établir le bilan de l'industrie manufacturière : ses forces
de toute nature s'élèvent à 10; elle n'en emploie que les 3/10, et la consommation ne lui demande que le 1/3 de ses produits; il en résulte que
l'industrie perd les 7/10 de ses forces, et 66 0/0 de son travail et des matières premières mises en fabrication. Ces forces perdues font un tort
égal à la société en raison directe des services qu'elles devraient lui rendre ; elles attendent dans le vestibule de l'industrie qu'un capital nouveau
inexpérimenté lui jette un os à ronger, et prépare fatalement une nouvelle faillite ajoutée à toutes celles que nous avons subies depuis dix-
huit ans, et dont la progression est telle que la démoralisation est entrée
dans tous les intérêts, telle que notre gouvernement lui-même en a reçu
un contre-coup mortel ; il reste comme suspendu au-dessus d'un gouffre
prêt à l'engloutir ; telle qu'aucun banquier, que la plus solide maison ne
peut se flatter d'échapper au désastre ; telle que dans ces temps calami-
teux où l'on veut *immobiliser* la propriété, chaque petit cultivateur
craint qu'on ne vienne lui enlever son champ. Si nous citions les exemples
qui se pressent devant nous, ils ajouteraient par leur poids à ce sombre
tableau ; nous nous abstiendrons, pour ne pas jeter le désespoir dans
notre industrie et dans notre commerce.

Il existe un capital réel, vrai, productif, le *sol ;* c'est l'œuvre de Dieu,
Dieu seul crée. L'homme n'a pas mission, n'a pas puissance de créer ; il
sait *trouver...* il dispose, il transforme, mais il ne crée pas. Il s'est fait
industriel. Pour jouir plus vite de la vie, pour amasser plus vite des richesses, il inventa l'industrie. L'industrie a rendu d'immenses services aux
sciences et aux arts ; elle a doublé nos jouissances, elle a fait découvrir
une foule de moyens ingénieux qui diminuent le travail de l'homme.
Chaque nouvelle découverte, chaque nouvelle machine qui abrège le
temps et double les forces est un bienfait; nous nous plaisons à le reconnaître. Nous aimons le progrès, le progrès ennoblit l'homme, il entretient sa pensée, il lui donne une double vie : la vie matérielle et la vie
morale. Nous acceptons donc le progrès, nous acceptons donc l'industrie.
Le progrès est illimité, nous le voulons utile ; l'industrie est nécessaire,
nous la voulons sage et dans de justes bornes. Si elle nous fait jouir de
nombreux avantages, elle entretient des calamités plus grandes encore.
Pour faciliter les transactions, on a adopté un métal auquel on a assigné
une valeur conventionnelle ; ce métal n'est que représentatif, l'industrie
l'a rendu productif; rendre productif un objet qui ne produit pas, c'est
manger son blé en herbe, c'est dépenser avant d'avoir acquis; c'était établir un deuxième capital, un capital fictif à côté du capital réel. L'industrie ne s'en tint pas là, elle étendit le cercle de ce nouveau capital, elle
ouvrit la porte à la fraude, elle donna au papier une valeur représentative du numéraire, valeur illusoire qui a engagé les sociétés et les entraîne vers leur perte. Ce n'était point assez pour l'industrie, tant sa soif
est insatiable, tant son activité est dévorante, elle inventa le crédit; oh !

2

alors il se fit des affaires considérables , l'engouement est allé jusqu'à la folie, les sociétés ont été frappées de vertige!...

Puisque le capital, le crédit, le commerce, l'industrie, tous ensemble, livrés à eux-mêmes, ne peuvent faire vivre les sociétés ; puisque tous leurs efforts réunis ne peuvent pas les sauver de la famine au sein même de l'abondance, qu'ils ne peuvent rien créer, rien augmenter, rien produire, qu'ils ne se soutiennent que par le crédit public ; puisque l'existence et l'avenir d'une nation ne peuvent pas dépendre d'une fiction qu'un seul soupçon peut détruire :

Il faut s'occuper de rechercher sérieusement le remède à un tel état de choses, et trouver, s'il est possible, quel est le véritable élément producteur, indiquer les moyens de lui donner, dans les combinaisons d'économie sociale, l'importance qu'il doit avoir, et s'efforcer d'arriver à ce but sans commotions politiques, sans cataclysmes de fortunes.

CHAPITRE III.

DE L'ÉLÉMENT PRODUCTEUR.

Qu'est-ce que le travail. — Tout travail procure-t-il la richesse. — Qu'est-ce qui augmente la possession. — Préjugés populaires sur les laboureurs. — Est-il plus difficile de faire un habile agriculteur qu'un bon ouvrier. — Quel est le rapport du sol — Rapporte-t-il en réalité autant ou plus que le capital. — Le rapport du capital comparé avec les produits du sol. — L'industrie agricole est-elle susceptible de perfectionnement comme celle des arts et métiers. — Est-il avantageux pour les peuples que l'agriculture soit exploitée par de grandes associations. — Les progrès de l'agriculture augmentent le budget de l'État. — La vigne. — Le vin est la boisson par excellence. — La France est le pays vignicole sans rival. — La culture de la vigne est celle qui demande le moins de bras et qui rapporte le plus. — Impôts de toute nature sur les vins. — Droits de circulation, — de vente, — d'entrée dans les villes, — d'exportation. — Le produit de nos vins suffirait seul pour faire la richesse de la France.

L'homme n'a rien, n'obtient rien que par le travail. La plante reçoit sa nourriture du sol et de l'atmosphère, l'animal va la chercher ; mais l'homme ne peut vivre que par le travail, à lui seul il a été permis de travailler ; plus il travaillera, plus il aura.

Cependant, tout travail n'est pas productif. Un homme prend des pierres, les taille, les arrange, en construit une maison. Il s'est rendu la vie plus agréable, plus douce, mais il n'a rien *produit;* il n'a pas augmenté sa richesse : il avait les pierres, il les a mises en œuvre.

Mais s'il ouvre un sillon, s'il y jette une poignée de blé, la terre, payant le travail qu'elle a reçu, décuple la semence qui lui a été confiée : ce travail est le seul qui soit productif, le seul qui augmente la richesse première, et qui l'augmente sans rien ôter à personne.

La terre, fécondée par le travail, donne à l'industrie les matières qu'elle élabore, qu'elle transforme, et les lui fournit incessamment, à mesure qu'elles sont consommées ; elle occupe le commerce en lui donnant sans cesse des produits à échanger ; elle donne au capital une signification véritable, car elle fait que l'unité métallique, qui doit être invariable de sa nature, sert à mesurer des valeurs qui se détruisent et se renouvellent toujours ; enfin, elle fait que le crédit, s'appuyant sur quelque chose qui existe, n'est plus une puissance imaginaire que la négation détruit, mais qui peut se soutenir et se prouver au besoin.

Cet art, qui consiste à se faire payer par le sol le travail qu'on lui a donné, est le plus important de tous ; il n'est pas le seul dont on doive s'occuper, mais les autres sans lui ne peuvent conduire qu'à une misère générale. Il n'est pas nécessaire d'insister là-dessus, l'état actuel de la société le prouve d'une manière trop évidente. Cependant, il a été jusqu'à présent complètement négligé, et à tel point que les bras lui manquent. Dans les pays où le sol est le mieux cultivé, il ne l'est pas encore assez.

Bien des préjugés ont éloigné les hommes de la culture des champs. On a dit que c'était un travail trop peu productif. Mais il n'y a pas de chômage forcé pour le laboureur, et l'ouvrier des villes n'a-t-il pas tous les ans trois ou quatre mois de morte-saison ; et quand le travail donne, l'ouvrier n'est pas toujours occupé. L'année se compose de trois cents jours ouvrables à la ville comme dans les champs ; la morte-saison est de plus de cent jours, et sur les deux cents jours qui restent, ce n'est pas trop que de compter cinquante jours de chômage. Voilà donc cent cinquante jours de travail tout au plus qui doivent subvenir aux dépenses de toute l'année. Les loyers sont plus cher dans les villes, la nourriture y coûte beaucoup plus, et l'on y est mal logé et mal nourri ; les occasions de dépenses y sont plus nombreuses. En somme, l'ouvrier, dans les grands centres industriels, est moins riche, moins heureux, plus mal logé et plus mal nourri que l'homme des champs.

L'ouvrier qui a appris un état se croit de beaucoup supérieur en intelligence à celui qu'il appelle un paysan, et quand il veut parler de l'ineptie de quelqu'un, il a coutume de dire : « Il est bon à renvoyer à la charrue. » Une simple réflexion, que tout le monde a pu faire, suffit pour prouver qu'il faut beaucoup plus d'intelligence pour cultiver un petit champ que pour exercer toute profession industrielle. Quel est l'ouvrier qui n'a pas vu exécuter par des machines le métier qu'il avait appris à grand' peine, et quelle intelligence faut-il pour faire le travail d'une machine ?

Mais qui s'est imaginé de concevoir un mécanisme qui saura semer à temps, arroser à temps, faire les assolemens convenables ; quelle machine pourra greffer, enter, distinguer dans un champ le chanvre mâle, qu'il faut arracher, et laisser le chanvre femelle qui doit rester plus longtemps sur pied. Les soins à donner à une basse-cour sont-ils des travaux exécutables par la vapeur, comme ceux du tissage d'une étoffe brochée ?

Les travaux des champs demandent de la réflexion et de l'intelligence. On ne s'est pas assez occupé de cultiver l'esprit des laboureurs : ils sont restés attachés à leurs habitudes routinières. C'est une faute dont on se repent aujourd'hui. Le mal que l'incurie des gouvernants a produit n'est pas irréparable, et c'est fort heureux.

L'industrie, placée, dans les grandes villes, à côté des hommes adonnés à l'étude des sciences, a fait des prodiges ; elle promettait aux capitalistes de doubler en peu de temps leurs capitaux. Ces spéculations n'ont pas toujours été heureuses, les capitaux l'ont abandonnée, mais les hommes qu'elle a fait venir des campagnes, séduits par de brillantes promesses, n'ont pas pu se retirer aussi vite. Ils avaient appris des métiers qui leur sont devenus inutiles. Ils se sont trouvés incapables de revenir aux travaux agricoles, qu'ils ne connaissaient plus ; ils avaient pris l'habitude de la vie dissipée des villes.

Et il leur en coûtait de revenir dans leurs champs, où ils ne savaient comment s'occuper. Leurs professions ne pouvaient s'exercer que dans les grands centres, où sont placés les ateliers de fabrication.

Les hommes qui possédaient de grands capitaux ne les ont pas appliqués aux travaux de l'agriculture, parce que les revenus qu'ils en tiraient n'étaient pas assez considérables pour faire rapidement de grandes fortunes, ils ont préféré s'adonner aux jeux de hausse et de baisse.

D'autres, moins hasardeux, les ont placés avec hypothèques, et les cultivateurs, qui ont emprunté à 6 ou même à 5, ont dû se ruiner. On trouve partout des personnes qui disent : « L'argent rapporte au moins 5 pour 100, et les terrains ne rapportent que 3 0,0 ; il est plus avantageux d'avoir de l'argent et de le placer. Tout le monde s'évertuait à posséder de l'argent pour le placer, et l'on ne réfléchissait pas que ni le commerce, ni l'industrie qui ne produisent pas ne pouvaient payer l'intérêt de l'argent. Qu'est-il arrivé ? Que l'industrie et le commerce ont ruiné les prêteurs et se sont ruinés eux-mêmes ; l'intérêt de cet argent était payé, en résumé, par l'agriculture qui, seule, fournissait tous les ans des matières premières. Mais l'agriculture, obligée de payer cet intérêt avec ses produits, a fini par être elle-même fatiguée de toutes ses charges ; elle s'est découragée, elle a langui, et quand elle a cessé de fournir, l'industrie et le commerce ont cessé d'exister.

Est-il d'une sage économie d'avoir fixé si haut l'intérêt de l'argent ? Et qu'est-ce que l'intérêt ? Supposons que tout le capital métallique soit placé à 5 pour 100 ; l'intérêt, capitalisé de nouveau, au bout de quinze ans, sera doublé. Qu'est-ce qui sera devenu double ? Le métallique ? nullement... il sera resté tel. Les mines qui le produisent n'en augmentent que lentement la quantité ;

Qu'est-ce donc qui sera doublé au bout de quinze ans ? La dette des emprunteurs. Mais s'ils paient cette plus value, où la trouveront-ils ? Sera-ce le commerce ? Non ; car il n'augmente rien ; sera-ce par les produits de l'industrie ? Mais l'industrie elle-même ne crée rien. Qui donc paiera cette plus value ? Ce sera évidemment le sol. C'est donc le sol, en définitive, qui paie au capital son intérêt ; c'est le sol qui le rend productif.

Quand on dit que le capital rapporte 5 pour 100, on se comprend très bien : le capital placé doit être, au bout d'un an, augmenté d'un vingtième.

Mais quand on dit que le sol ne rapporte que 3 pour 100, se comprend-on aussi bien ? Veut-on dire que les produits du sol ne sont que les trois centièmes du capital avec lequel on l'a travaillé ? Cette manière d'estimer les produits du sol est très vicieuse. En effet, si le sol rapporte dix fois, vingt fois la semence qu'on lui a confiée, on en estime la valeur en raison inverse de sa quantité. — Ce n'est pas ainsi qu'on devrait s'y prendre pour obtenir des résultats certains ; mais estimer les dépenses de toutes sortes qu'on a faites dans un terrain par la quantité d'hectolitres de blé que ces dépenses représentent, et estimer le rapport de ce terrain par la quantité d'hectolitres de blé qu'on aura récoltée.

Cependant, en admettant que le sol ne rapporte que 3 pour 100, faut-il en conclure qu'il ne pourrait pas rapporter davantage ? lui a-t-on donné tous les soins qu'il réclame ? a-t-on fait pour lui ce qu'on a fait pour l'industrie ? En 1812, le sucre de betterave blanc raffiné coûtait près de 14 francs le kilogramme. On a étudié les procédés de fabrication, on les a perfectionnés, et dans les pays du nord de l'Europe, les fabriques le produisent à 1 franc le kilogramme. Si les travaux scientifiques se tournent vers l'agriculture, ils l'amélioreront comme la fabrication du sucre indigène, et bientôt l'industrie agriculturale découvrira de nouveaux moyens pour abréger le travail, et par une plus juste application des engrais et des assolements, elle fera rendre à un champ plus qu'il n'avait donné jusque là ; ses progrès s'élèveront à la hauteur de ceux de sa sœur cadette, l'industrie *proprement dite*, qui l'avait dépassée.

On s'est enfin aperçu qu'il fallait se tourner vers l'agriculture, qu'elle était le seul élément producteur, la seule puissance productive. Mais que fera-t-on en agriculture ? comment procèdera-t-on ?

Formera-t-on de grandes compagnies par actions pour défricher les landes, les bruyères ? cela a déjà été fait, et les compagnies de défrichement se sont ruinées. Et quand elles auraient réussi, le sort des populations agricoles ne se serait pas amélioré, il serait devenu plus mauvais encore.

Comment auraient procédé ces compagnies. en supposant qu'elles eussent eu du succès ? Elles auraient dit : « Notre capital est de tant ; il faut d'abord en retirer un intérêt de 3, puis de 4, puis de 5 pour 100 ; ensuite, elles auraient partagé les dividendes. Les compagnies se seraient enrichies, leurs actionnaires auraient fait fortune. Mais quels avantages auraient retiré les petits cultivateurs ? Aucun. Bien plus, leur état serait devenu pire : comment auraient-ils pu vendre leurs récoltes ? Les grandes compagnies auraient encombré les marchés, auraient fait baisser les prix, auraient acheté à la baisse les récoltes des petits cultivateurs ; puis alors, ayant monopolisé dans leurs mains, elles auraient élevé les prix.

C'est ainsi que cela se pratique depuis fort longtemps pour la vente des grains. Des accapareurs parcourent les fermes et les marchés, ils font des achats considérables de céréales, puis, tout à coup ils en font disparaître la plus grande partie, et se rendant maîtres du marché, ils font augmenter le prix du blé à leur volonté. C'est souvent au commerce de la banque que nous devons ces coupables manœuvres.

Des capitaux peuvent s'associer pour faire hausser une denrée, les fabricants d'un même état pourraient s'entendre pour élever le prix de leurs produits, mais ici, il est question de travailler le sol, de l'améliorer, de faire pousser du blé ; le capital qui tentera une pareille entreprise se ruinera toujours, c'est à dire qu'au lieu de l'augmenter des 5 % qu'on a l'habitude de lui accorder, il ne pourra rapporter aucun intérêt et diminuera au contraire de sa quantité première. En effet, il est évident que si le sol en pleine culture ne rapporte que 3 % *argent*, le terrain en friche ou à améliorer devra être en perte. Le capital n'ira donc pas à l'agriculture, car selon l'expression des capitalistes, l'argent employé à une opération qui ne donne que 3 %, sera toujours une mauvaise spéculation.

On a essayé d'encourager l'agriculture en créant des fermes modèles. Ces établissements ont pu enrichir la science agriculturale de quelques bonnes observations, mais ils n'ont profité à personne. Le petit cultivateur n'a pas pu mettre en pratique les procédés qu'on y employait, parce qu'il n'avait pas assez d'argent ; et quand il en aurait eu, il se serait bien gardé de le tenter : il voyait que les fermes modèles coûtaient plus qu'elles ne produisaient ; il ne se rendait pas compte que ces fermes étaient établies à grands frais, et disposées pour des travaux d'expérimentation.

Il est important de trouver, et de trouver promptement, une combinaison qui donne à l'élément producteur tout l'essor qu'il doit avoir. Le commerce et l'industrie ne peuvent fleurir que lorsque l'agriculture sera prospère ; enfin, il faut faire vivre les populations, et leur donner une nourriture saine et suffisamment abondante ; tenir compte de l'accroissement de la population, qui est tel (en suppposant qu'il se maintienne, ce qui est peu probable, car il suit une progression ascendante), que la population sera double avant cent trente-sept ans.

L'amélioration apportée dans l'alimentation, en diminuant les chances de mortalité et en répandant plus de bien-être, introduira deux causes puissantes de l'augmentation de la population.

Les grandes questions d'économie agriculturale ne peuvent être abordées et résolues que par l'État. Et nous montrerons dans le chapitre suivant qu'il le peut, sans grever son budget ; bien plus, qu'il peut obtenir tous les ans un accroissement de l'impôt foncier, et faire prendre à l'agriculture tout le développement dont elle est susceptible.

Ainsi, le revenu de l'État sera accru, et les impôts directs et indirects qui pèsent sur les cultivateurs pourront être diminués d'autant.

On pourra nous dire que les impôts perçus par les contributions indirectes sur les denrées et sur les produits manufacturés ne pèsent pas sur le sol ; nous allons démontrer le contraire. Prenons pour exemple les vins.

Un champ planté en vigne paie un impôt direct plus élevé que celui ensemencé en céréales, et pourtant il est bien loin de jouir des mêmes avantages ; les impôts ne frappent pas les grains, tandis que le vin paie chaque fois qu'il change de place. Voici un hectare planté en vigne qui acquitte en impôts directs les 33 0/0 de son revenu comme champ de terre ; la récolte est de 100 hectolitres de vin : droits pour le sortir du pays ; droits à chaque pont qu'il traverse, droits de transit en arrivant soit à Bercy ou autre endroit. On croirait que c'est là tout : droits de 20 fr. par hectolitre en traversant la barrière, c'est-à-dire 2,000 fr. pour la récolte d'un hectare : nouveaux droits pour le débiter à l'intérieur. Ces impôts frappent le champ de vigne sous divers déguisements : impôt direct, passe-debout, droits de passage, octroi, patente... La récolte achevée, le vigneron devra acquitter le premier impôt, l'impôt direct ; sans quoi, M. le receveur-général lui fera vendre par justice et récolte et champ. S'il n'a pas d'avances, il sera forcé de donner son vin pour très peu de chose à des marchands qui partent de Paris au moment où le percepteur demande la *taille*. Heureux encore le privilégié qui a trouvé *prix!* Ainsi ce vin a payé, rendu chez le marchand dans Paris, 25 fr. de droits environ par hectolitre ; n'est-ce pas le champ de vigne qui en réalité a payé ces 25 fr. Si ces droits différents, qui apportent dans cette branche de commerce tant de difficultés, n'existaient pas, nous aurions tous du vin dans nos caves, la fraude ne viendrait pas s'y mêler.

La position du vigneron de la Bourgogne est affreuse ; il vend son vin 5 fr. la feuillette, les 140 litres, et heureux quand il le peut vendre.

Une récolte abondante *est une richesse*, ceci est une vérité :

Pour le vigneron, c'est la ruine, c'est la famine! il vend le contenu 5 fr. les 140 litres, mais il faut d'abord qu'il achète le contenant, et une feuillette vide se vend, dans une année heureuse, *quand le vigneron devrait se réjouir*, 8, 9 et 10 fr. On vend le vin par muid en Bourgogne ; or, qui croirait, quand le vigneron a payé les futailles si cher, qu'on puisse trouver un muid de vin, deux feuillettes pleines, pour 25 fr., pour 20 fr. et même au-dessous, et pourtant chaque feuillette coûte 1 fr. pour la cueille du raisin, 1 fr. pour le transport de la vendange du champ dans la cuve. Les impôts directs, le revenu du capital que représente le champ, le travail donné à la vigne, l'intérêt des avances à faire pour acheter les futailles, il faut tirer le vin, le *nourrir*, le faire soutirer, etc., etc. Voilà la position du vigneron de la Bourgogne : encore trois ou quatre *riches années*, et nous n'aurons plus de vignes, et nous ne pouvons pas boire de vin dans Paris ; il nous faudrait des caves pour le loger et faire des avances que notre position ne nous permet pas toujours ; nous sommes obligés de l'acheter à la bouteille, frelaté et malsain.

Tout système d'économie sociale qui renversera cette proposition :
Une récolte abondante, c'est la richesse, doit être condamné.

Eh bien! est-il de bonne politique de laisser ainsi souffrir quinze départements, ceux qui devraient être les plus riches, qui font la gloire productive de la France et qui rendent le plus à l'État.

Le vin est la boisson reconnue comme étant la plus agréable et la meilleure pour l'alimentation de l'homme ; les vins de notre pays sont en grande estime ; pourquoi ne fait-on pas tout ce que l'on peut pour en favoriser la culture et les débouchés ; la France pourrait produire des vins moitié plus encore que la quantité qu'elle donne. Si, par un système d'impôt plus rationnel, on laissait arriver en franchise les cafés, les sucres, les fers, la concurrence libre avec l'Angleterre pour sa coutellerie, les pelleteries et le chanvre de la Russie ; nous enverrions des vins à l'Amérique contre ses cafés, ses sucres et son tabac, à l'Angleterre contre ses produits, à la Suède contre ses bois et ses fers, à la Russie contre ses pelleteries. Nos vins, après leur entrée à l'étranger, ne pouvant être frappés d'aucune surtaxe, seraient demandés, cela imprimerait du mouvement au commerce.

On va objecter : mais vous tuez notre commerce si vous laissez entrer les marchandises anglaises sans droits ; notre industrie ne peut pas soutenir une telle concurrence... Nous l'avons vu, l'industrie est impuissante à nous tirer de l'embarras dans lequel nous sommes ; bien plus, c'est elle qui nous a créé ces difficultés : placée à côté du pouvoir, achetant la science, possédant le capital, ayant ses courtisans et ses flatteurs, gens parasites, lesquels vivant à ses dépens, au lieu de l'éclairer en lui indiquant le danger, prolongent son aveuglement ; se faisant craindre, criant très-fort, faisant souvent partie du pouvoir, elle s'est créé des immunités, des priviléges, au préjudice de l'élément producteur et même du commerce. En effet, toutes ces prohibitions, cette multiplicité infinie de détails dans les tarifs, apportent des entraves aux denrées qui ne circulent que l'argent à la main. Le commerçant est obligé d'avoir de très-grandes avances pour faire l'exportation ; ces embarras de toute nature, nécessitant sans cesse l'emploi du numéraire, en ont fait hausser le prix. Mais voyons : est-il avantageux pour les nations d'avoir ces lignes de douanes qui empêchent que l'on nous apporte ce qui nous manque, ce que nous pouvons désirer, et dont nous pouvons avoir besoin ? Car, en définitive, ce sont les nations elles-mêmes qui font cela...

Qu'est-ce qu'un roi, sinon le plus grand législateur et le premier économiste.

Que quelques petits états aient des tarifs pour multiplier les impôts, qu'ils leur donnent toutes les formes pour grossir leur budget, afin de rivaliser de luxe et montrer quelques bataillons ; que ces petits états écrasent les peuples, leur imposent des privations de toutes sortes, cela se comprend, le temps et la civilisation en feront justice ; mais qu'un monarque, représentant d'une grande nation dont il est le premier gardien et le premier économe, qui a pour mission la plus belle gloire : *rendre tout un peuple heureux*, imite ces petits états, cela ne peut pas se comprendre; mais si nous n'admettons pas les octrois, les douanes, les tarifs de toutes sortes sur les denrées dans un pays gouverné par un roi, que dirons-nous d'un peuple qui se gouverne lui-même et les laisse subsister ?...

De deux choses l'une :

Ou nous avons tort, ou nous avons raison. Si nous avons tort, laissons les douanes, les octrois, etc.; contentons-nous des quelques modifications qui passeront par la tête de chaque nouveau ministre.

Si nous avons raison, pourquoi n'attaquerions-nous pas en face un système que nous croyons abusif et ruineux; car enfin, il faut payer ces armées innombrables d'employés :

Qui les nourrit et qui les paie?

C'est vous, c'est moi, c'est tout le monde.

Que fait l'industriel? Il achète du chanvre et de la laine pour les tisser : droits sur le chanvre et sur la laine. Ces deux droits demandent deux salaires ; droits sur l'étoffe, c'est un nouveau salaire; que si ces différents droits qui pèsent sur le chanvre et la laine étaient estimés une première fois dans une proportion équivalente, on n'aurait qu'un salaire à payer. Mais, dira-t-on, ces droits sont trop élevés, les propriétaires du sol se révolteraient...

Mais, en définitive, c'est toujours le sol qui les acquitte.

Si vous n'avez qu'une seule espèce d'impôt, vos percepteurs ruraux suffiront, vous ferez une économie considérable d'employés dont vous dégreverez la propriété.

Que devrait être le budget, autre chose qu'un impôt destiné à payer les employés, nos invalides, nos récompenses nationales, et les soldats qui nous gardent et nous font respecter... Il a dû en être ainsi d'abord, mais le gaspillage et la fraude s'en sont mêlés, et les gouvernements ont fait des emprunts, ont créé une dette qu'on a nommée *dette publique;* alors les gouvernements ont dit aux peuples : vous avez des engagements, il est de votre honneur de les remplir... et les peuples se sont laissé mettre de nouveaux impôts.

Les gouvernements ont fait tant et si bien, tantôt sous une forme, tantôt sous une autre, qu'ils ont appliqué le même impôt quatre, cinq et six fois : d'abord on a frappé les denrées à leur sortie et à leur entrée dans le pays, sous le prétexte spécieux de protéger les nationaux; mais comment n'a-t-on pas vu, comment ne voit-on pas que si l'on fait payer un droit à une denrée, cette denrée se vendra un prix plus élevé, et que par conséquent ce n'est pas sur la denrée que pèse l'impôt, mais sur le consommateur, c'est-à-dire sur les nationaux qu'on prétend protéger par cette taxe, etc., etc....

Beaucoup de personnes le croient ainsi : C'est dans l'intérêt du pays qu'on prohibe les marchandises étrangères. Quelle erreur! La France! le pays! on s'en moque bien!.. C'est pour remplir les coffres, c'est pour avoir un nouveau motif pour créer de nouveaux emplois, pour se faire de nouvelles créatures, et l'on vous dit que c'est pour protéger notre industrie nationale. Belle protection! qui constitue un privilége en faveur de trois ou quatre entrepreneurs et au préjudice de vous tous, consommateurs, à qui l'on fait payer 10 fr. ce que vous pourriez obtenir pour 5 fr. ; et c'est là ce qu'on appelle protéger les peuples, servir leurs intérêts...

Le Créateur n'a pas voulu que toutes choses fussent dans un même lieu, que tout climat fût propre à toutes cultures, il a donné aux uns les fers, aux autres les bois ; tels autres possèdent le souffre, le marbre ; le vin pousse où le café et le cacao ne peuvent prospérer; la Belgique a le lin, l'Amérique le coton, etc. La Providence a voulu que tous aient besoin de *tous*. Ces besoins des produits réciproques des divers pays est le lien qui doit unir les nations.

Le système prohibitif que quelques économistes préconisent, nous fait payer plus cher ce que nous n'avons pas, et nous force à vendre meilleur marché ce que nous avons, afin qu'après les tarifs payés, nos produits puissent soutenir la concurrence dans les marchés étrangers.

Le fisc seul profite à ce système de douanes ; mais la portion consommatrice de la nation, et c'est la plus nombreuse, la portion consommatrice éprouve une privation partielle de ce dont elle a besoin, et elle paie fort cher le droit de jouir de la petite partie qu'elle peut se procurer.

Le fisc se montre ici inintelligent : il pourrait se procurer un revenu bien plus considérable, en frappant d'un droit très-léger, d'un simple droit de péage, toute marchandise entrant ou sortant, droit tellement minime, que les entrepreneurs de fraude et de concurrence ne trouveraient aucun profit à faire. Dès-lors, cette armée d'employés du fisc, douaniers. employés des droits réunis, etc., armée qui coûte plus que ne devrait coûter celle destinée à protéger notre territoire, deviendrait inutile. Ces hommes improductifs se livreraient à un travail utile, et les droits des tarifs pourraient être abaissés.

Les nations sont comme la poule aux œufs d'or, si l'on veut qu'elles enrichissent le fisc, il faut, non pas les tuer, car elles ne renferment pas de trésor dans leur sein, mais bien les nourrir pour qu'elles pondent régulièrement.

En réalité, voilà ce qui est :

Les transactions sont entravées, les échanges difficiles ; ce régime nous impose des privations de toute nature et des contributions écrasantes !

Enfin, sur quoi pèsent les impôts? sur le sol et sur les denrées. Le commerçant qui paie droits et patente, c'est pour les denrées qu'il vend. Qui produit les denrées? Le sol. C'est donc le sol qui paie les impôts. Pourquoi donc ne pas les lui demander tout de suite? Ce serait bien plus simple, et cela coûterait moins, nous n'éprouverions pas tant de contrariétés et de vexations ; les denrées venant en concurrence librement, la fraude ne pourrait pas s'y mêler, nous ne boirions pas des vins fabriqués avec du bois de Campêche, etc.

S'il fallait demander aujourd'hui au sol les 1 milliard 800 millions du budget, on pousserait les hauts cris, les campagnes se révolteraient. C'est pourtant le sol qui les paie, c'est incontestable ; mais il les paie par des moyens détournés, et le sol supporte cette lourde charge. Un hectare de vigne qui produit 100 hectolitres de vin en une telle année, ce vin, vendu dans Paris, paie 2,500 fr. de droits. C'est souvent autant que vaut le champ ; c'est plus que la moyenne du prix de nos terres ; et l'on dit que les biens ruraux ne rapportent que 3 0,0. Voyons donc quelles charges pèsent sur eux : d'abord 1 milliard 800 millions pour le budget, lequel acquitte des charges de toute espèce et nourrit ensuite environ 2 millions d'employés, etc., reste l'existence de 32 millions d'habitants. A combien estimerons-nous l'existence d'un homme, nourriture, vête-

ment et gîte? Est-ce trop que de l'estimer à 1 fr.? Certainement nos
populations des campagnes ne dépensent pas, en moyenne, 1 fr. par
jour. Prenons un chiffre plus faible. Nous pouvons admettre qu'un
homme, qui mange à sa suffisance, est couvert contre les intempéries
de notre climat et couche dans un lit, peut dépenser une valeur représentative estimée à 50 cent.: ce qui nous donne pour 32 millions d'habitants une dépense de 16 millions par jour, par an 5 milliards 840 millions,
lesquels, joints aux 1 milliard 800 millions du budget, donnent un revenu ou une dépense annuelle de 7 milliards six cent quarante millions. C'est là ce que rapportent nos terres dans l'état où elles sont
aujourd'hui. Si le numéraire était productif, et qu'une nation comme la
nôtre, ayant les mêmes charges, ne voulût pas travailler, il faudrait
qu'elle possédât un capital de 254 milliards 666 millions placé à 3 0/0. Si
nous obtenons une plus-value double, ou bien que nous fassions produire au sol deux fois plus, ce qui est tout un, nous ferons rapporter par
an à notre pays ce que donnerait un capital de 508 milliards, produisant
3 0/0. Tout l'argent des peuples réunis ne ferait pas cette somme. Quand
on découvrirait une montagne d'or, les populations en seraient-elles
plus heureuses? Non, le capital monnayé *réuni* ne saurait produire une
livre de pain. Laissons là les chiffres, et contentons-nous de dire que
nous augmenterons la production annuelle de l'existence de 34 millions
d'hommes.

Reprenons la question de l'impôt, et voyons si la France peut avoir
intérêt à échanger ses produits avec les nations voisines :

Elle peut tirer de son sein le pain, la viande et le vin pour sa nourriture, le chanvre et la laine pour son vêtement, le bois pour se chauffer ;
elle a des pierres pour bâtir ses maisons, des huiles pour tous ses usages ;
si ses terres rendent tout ce qu'elles peuvent donner, elle aura au moins
un tiers de ses produits à céder : ses vins d'abord, les plus estimés et les
plus justement appréciés comme hygiène ; ses terres étant bien cultivées,
et les échanges avec les nations voisines se pouvant faire sans entraves,
elle demandera à son sol les denrées qui manquent à nos voisins et
qu'elle peut recueillir facilement, et en grande abondance. Nos départements vignicoles sont inépuisables, le climat fait presque tout ; il n'en est
pas de même des céréales et du bois. Le phosphate de chaux est le corps
le plus rare, si rare qu'on n'en connaît qu'un seul gisement ; et tout le
monde sait que quand un sol ne possède pas de phosphate de chaux, le
blé y vient mal, le fourrage qu'on y recueille ne possède pas les qualités
nécessaires pour la nourriture du bétail, attendu qu'il n'y trouve pas
les éléments convenables à la construction de sa charpente osseuse.

Nous pourrions avoir 6 millions d'hectares plantés en vigne, lesquels,
s'ils étaient bien cultivés, produiraient en moyenne au moins 60 hectolitres par hectare ; la récolte en vin serait donc de 360 millions d'hectolitres, en admettant la libre circulation du vin ; de telle sorte que tous
nos départements puissent en consommer, et qu'on en accorde 3 hectolitres à chaque habitant (le vin protégé, ferait partie de l'alimentation
chez nous, comme le pain et la viande), il resterait 258 millions d'hectolitres qu'on pourrait vendre aux Amériques et aux habitants du

nord ; que si nous accordons une valeur représentative de 10 fr. par hectolitre, la France retirerait annuellement 2 milliards 580 millions de ses vins, non pas en argent, nous le savons bien, mais en denrées de toute nature qui augmenteraient son bien-être ; et ne planterions-nous que 4 millions d'hectares de vigne, et 1 hectare ne donnât-il que 50 hectolitres de vin, que nous aurions encore 100 millions d'hectolitres de vin à échanger, lesquels donneraient 1 milliard. Est-ce trop que de l'estimer à 10 fr.? Nous en buvons de très-mauvais à Paris, qui nous coûte 80 fr. Tout le monde sait que le débitant vend son vin ordinaire 80 cent. le litre. N'avons-nous pas encore nos soieries et nos huiles ?

Quels sont donc les produits étrangers qui viendraient balancer un chiffre aussi considérable ?

Pourquoi nous exténuer à extraire un minerai pauvre qui donne de mauvais fers, quand nous pouvons, en échange de nos vins, avoir de très bons fers avec une moins grande peine ? L'on dira : s'il survient une guerre, un deuxième blocus continental, comment ferez-vous ? Eh bien, nous construirons des fourneaux, et les mines que nous possédons n'ayant point été épuisées, nous serviront de réserves. Mais si l'étranger veut vous vendre ses fers à un prix trop élevé, encore comment ferez-vous ? Eh mon Dieu ! s'il veut nous les vendre plus cher que le prix de revient de ceux produits par nos mines, nous fouillerons nos mines.

Mais avec un pareil système vous ruinerez notre industrie...et quelle industrie ? L'industrie des fers qui coûte plus qu'elle ne rapporte...

Avec de pareilles susceptibilités, en ménageant de petits intérêts, de grandes améliorations ne seront jamais possibles ; et qui en souffrira ? La nation toute entière.

Si notre industrie n'est pas assez intelligente pour marcher de pair, c'est-à-dire pour transformer les produits du sol au même prix que celle de l'Angleterre que l'on cite toujours comme un épouvantail, quelle protection lui devons-nous?...

Qu'elle apprenne !...

La population entière ne doit pas souffrir, parce qu'il plaît à quelques industriels de fabriquer des objets à un prix plus élevé que nous paierions les mêmes objets en les prenant chez nos voisins.

On dira, pour excuser notre industrie : l'Angleterre a des houilles à meilleur marché, et cela lui donne un avantage ; d'accord, mais laissez l'Angleterre jouir des avantages qu'elle possède, et sachons profiter des nôtres ; n'avons-nous pas nos modes sans rivales et nos articles Paris.

En fin de compte, nous avons à demander à nos voisins des houilles, des fers, des bois de charpente, du lin, du café, du tabac, et encore de ce dernier nous pourrions en recueillir pour notre consommation ; du sucre, nos colonies et nos départements du nord suffisent à nos besoins; et nous avons à fournir des vins en abondance, des soieries, des huiles, nos modes, nos livres, etc., etc.

Comme on peut le voir, il y a avantage pour nous à échanger avec nos voisins, puisque nous avons plus à leur donner que nous n'avons à recevoir d'eux ; et l'on remarquera que parmi ces productions le vin est ce qui occupe le moins de bras.

Les gouvernements allègueront motifs sur motifs, soulèveront difficultés sur difficultés; recherchons-en les causes principales : d'abord les craintes d'une perturbation pour passer sans transition d'un système à un autre, les embarras d'argent (les gouvernements ont toujours plus à donner qu'ils ne reçoivent), les cautionnements versés par tous les employés qu'il faudrait rendre, et une foule d'autres considérations d'un autre ordre qui nous jetteraient trop en dehors de notre travail, et qui feront l'objet d'un ouvrage spécial.

Que si nous pouvons réglementer l'élément producteur, que si nous pouvons créer une force matérielle et morale dans l'État qui nous mette hors de toute atteinte, nous préparerons la transition que nous venons d'indiquer, nous ferons qu'on pourra sans danger modifier le système gouvernemental, le budget sera moins élevé et le pays plus riche; on acquittera peu à peu la dette publique, et c'est alors que la France pourra atteindre le plus haut degré d'estime, de puissance et de gloire...

CHAPITRE IV.

ORGANISATION AGRICULTURALE,

Comment traitera-t-on l'agriculture. — Travailleurs-amélioreurs. — Leur organisation, — leur âge, — leurs travaux, — leurs occupations, — leur direction, — leur instruction, — leurs rapports avec les populations agricoles. — Les services qu'ils leur rendent. — De quel secours ils sont pour les indigents. — Leur exemption du service militaire. — Ce qu'ils rendent à l'État en compensation de cette exemption. — Solution d'un problème d'économie. — Ce que pourront faire les travailleurs revenus dans leur famille. — Statistique de l'alimentation. — Traités entre les amélioreurs et les propriétaires. —Santé et bien être général. — Y a-t-il justice et raison dans les moyens proposés.

Puisque l'agriculture est la seule planche de salut qui reste à la société, il faut de toute nécessité porter ses soins à la culture des champs. Il faut obtenir du sol tout ce qu'il est capable de donner.

Ne comptons pas sur les capitalistes; ils préfèreront toujours les spéculations hasardées de l'industrie et de la banque, qui leur promettent de gros intérêts, leur *paraissant* plus lucratives; il faut organiser des *travailleurs-amélioreurs* du sol.

On les établirait dans chaque arrondissement, dans chaque canton, selon le besoin ; ils seraient composés d'hommes jeunes, âgés de quinze ans au moins, au nombre de cinquante environ.

Ils seraient sous la surveillance d'un directeur-administrateur, assisté de deux adjoints.

Ces jeunes gens, dont le nombre pourrait être de quinze à vingt mille par année environ, seraient exemptés du service militaire; ils prendraient l'engagement de rester cinq ans dans la direction, et de se livrer ensuite à la profession d'agriculteurs pendant quinze autres années.

Les Directions prendront à ferme les terrains en friche, et passeront avec les propriétaires un bail de quinze ans. Elles feront dans ces terrains tous les travaux nécessaires pour les mettre en pleine culture et les sous-affermeront ensuite pour tout le temps de la durée de leur bail.

Elles jouiront du rapport de la plus-value des terrains. L'impôt foncier ne pourra être élevé, selon la nouvelle valeur de ces terrains, qu'après l'expiration des quinze années du premier bail.

Dans le cas où les propriétaires des terrains refuseraient de les affermer, ils seraient dès lors imposés comme s'ils avaient été portés au de gré d'amélioration que la direction se propose de leur donner.

Les terrains en culture appartenant aux petits propriétaires, qui y vivent du produit de leur travail, mais qui ne sont pas assez riches pour faire les améliorations nécessaires, pourront être livrés temporairement à la direction des *travailleurs-amélioreurs* aux conditions suivantes :

Les propriétaires recevront en nature les denrées qu'ils auraient récoltées dans leurs champs pendant tout le temps que les travaux à faire rendront le champ improductif.

Ils n'auront rien à payer pour la valeur de ces denrées, s'ils joignent leur travail à celui des amélioreurs.

Ils paieront la plus value donnée à leur propriété : en concédant, pendant un certain nombre d'années, la moitié *du surplus* de la récolte qu'ils obtiendront par les travaux faits à leurs champs. — Par cette combinaison, les *travailleurs-amélioreurs* ont intérêt à donner leurs soins aux terrains mauvais ou médiocres, puisqu'ils reçoivent, pendant un certain temps, une portion des récoltes dues à leur travail ; et les petits cultivateurs ont également intérêt à faire améliorer leur sol, puisque ces travaux ne leur coûtent rien, et qu'ils les paient en partageant, pendant quelques années, l'augmentation de leur revenu.

Les jeunes travailleurs auront pour mission de faire, dans les terrains en friche, tous les travaux nécessaires pour les mettre en culture.

Ils seront logés, nourris, et recevront un traitement basé sur la plus-value obtenue par leurs travaux, lequel sera fixé ultérieurement.

Dans chaque direction, deux adjoints seront chargés de donner aux *travailleurs* une instruction appropriée à leur profession d'agriculteurs.

On ne se contentera pas de leur enseigner les éléments d'arpentage, de botanique ; de leur donner les notions nécessaires pour comprendre la théorie des amendements, des engrais, et l'art de les préparer et de les conserver ; on s'occupera encore de leur éducation de citoyens. — Il sera beau et digne de la France de donner, la première, l'éducation populaire à ces classes d'adultes, classes laborieuses, courbées vers la terre, qui nourrissent la société tout entière, et sur lesquelles reposent la sécurité et l'avenir de notre pays.

Tous les dimanches, on ferait faire aux jeunes agriculteurs l'exercice militaire ; on leur apprendrait le maniement des armes, et l'État pourrait, au besoin, avoir un supplément de 200,000 hommes forts et valides à opposer à l'ennemi qui tenterait d'envahir son sol.

Chaque direction serait pourvue du matériel agricultural nécessaire à ses travaux.

On enseignerait à ces jeunes gens à se servir du tour, de la scie et du rabot, assez pour qu'ils puissent réparer au besoin leurs instruments aratoires.

Autour de chaque direction viendraient se grouper les vieillards, les hommes peu valides, et qui trouveraient à être occupés à des travaux proportionnels à leurs forces. Les communes pourvues d'établissements agricoles pourraient y envoyer leurs nécessiteux, auxquels on donnerait du travail et du pain. Chaque commune, pouvant ainsi nourrir ses pauvres, les grandes villes renverraient dans leurs pays les indigens qui viennent des départements participer aux aumônes qui se distribuent dans les grands centres.

Les travailleurs, après avoir passé cinq ans dans la direction, porteront dans leurs chaumières le goût de l'agriculture, ils y propageront les connaissances théoriques et pratiques qu'ils auront apprises, et ils contribueront à répandre promptement l'éducation civile et politique, sans laquelle la paix intérieure ne peut jamais être assurée.

Ces établissements se suffisent à eux-mêmes, ils ne coûtent rien à l'État ; ils lui assurent au contraire une augmentation dans le budget de l'impôt foncier. Mais il faut que l'État les protége, et l'étendue de la protection qui leur est nécessaire consiste : dans l'appui moral du gouvernement et la protection de la loi, joints à l'avantage de l'exemption du service militaire.

Cette exemption est déjà accordée par l'État à tous ceux qui se dévouent à un service public, aux instituteurs, aux professeurs, etc., qui prennent l'engagement de rester dix ans dans leur profession. Pourquoi ne l'étendrait-on pas jusqu'aux *travailleurs-amélioreurs*, qui font aussi un service public !

Ils améliorent le sol français, ils le rendent plus productif, ils augmentent la richesse publique, en augmentant l'avoir de ceux qui ne possèdent pas assez.

Cette exemption du service militaire n'est pas un privilége à leur profit, ils donnent en échange un travail de cinq ans, travail qui, nous l'avons dit, rapporte à l'État.

Cette exemption attirera parmi les *travailleurs-amélioreurs* les fils de laboureurs, qui, plus tard, pères de famille, répandront autour d'eux les idées d'ordre et d'économie, et les habitudes de travail qu'ils auront reçues ; et bientôt nos populations des campagnes, moralisées, honnêtes, agrégées à notre civilisation, rendront la France plus forte et plus grande.

Ce que nous demandons à l'État ne le privera pas des soldats nécessaires à sa défense ; il peut nous l'accorder sans blesser aucun intérêt.

Le système que nous proposons a l'avantage d'élever l'agriculture à la hauteur qu'elle doit atteindre, et de laisser les capitaux se porter aux spéculations commerciales et industrielles, qui ne peuvent se passer d'eux, et où ils trouvent un intérêt qui leur *paraît* plus considérable.

Notre système, enfin, a l'avantage de résoudre ce problème d'économie sociale :

Trouver, pour une société placée dans des conditions déterminées, le meilleur emploi possible des bras, tout en respectant les lois et les coutumes de cette société.

L'art de cultiver le sol a suivi les progrès des sciences ; on connaît aujourd'hui les lois de la végétation, les soins que chaque culture demande, la nature des engrais qui lui conviennent. La théorie des assolements et des amendements est arrivée presque au niveau des autres sciences naturelles ; mais ces connaissances ne sont possédées que par un petit nombre de personnes retirées dans les villes, et qui ne s'occupent de l'agriculture que d'une manière très secondaire.

Il faut vulgariser ces connaissances, les faire parvenir jusque dans les chaumières les plus éloignées, et faciliter aux laboureurs les moyens de les mettre en pratique.

Une pareille organisation permettrait de dresser un état exact de la culture en France. On connaîtrait combien d'hectares sont en friche, et combien sont à l'état de jachère ; on aurait la quantité et la nature de chaque récolte. L'on pourrait ainsi établir le budget des substances alimentaires ; on saurait quelles améliorations il faut apporter à la culture, en quelles localités et sur quelles récoltes ces améliorations doivent porter.

Ces établissements de travailleurs seront pourvus de tous les instruments aratoires ; ils cultiveront sous les yeux des laboureurs qui verront et apprécieront l'avantage immense qu'ils peuvent retirer d'une culture mieux entendue. Ils pourront faire faire dans leurs terrains les travaux nécessaires pour en rendre la nature meilleure, travaux pour lesquels on a jusqu'alors procédé par tâtonnement, et qui ont coûté des sommes considérables. Le petit cultivateur, qui pourrait s'acquitter par le seul bénéfice de l'augmentation des récoltes de son champ, en donnant pendant un certain nombre d'années une partie de l'augmentation des produits obtenus par un travail dont on lui a fait les avances, et exécutés sous ses yeux, profiterait de l'enseignement qui lui aurait été donné, et ne négligerait aucun moyen pour obtenir un rendement encore plus considérable.

Les hommes que l'on aurait ainsi formés, auxquels on aurait donné un métier nouveau, le métier de cultivateur, le plus avantageux de tous, métier dans lequel on trouve toujours à vivre, qui n'a pas de chômage, et qui n'a pas de concurrence à redouter.

Ces hommes, en sortant de l'établissement, rentreront dans leurs familles, et y répandront non seulement le goût de l'agriculture, mais experts dans cet art, ils sauront obtenir de leurs champs des produits qui amèneront l'aisance dans des campagnes où l'on ne trouvait que la misère.

On peut élever contre le système d'améliorations agriculturales que nous présentons plusieurs objections qui sont plus spécieuses que solides.

On demandera par quel moyen on déterminerait les propriétaires à faire concession de leur terrain. Rien ne nous semble plus facile. S'agit-il d'un terrain tout à fait inculte et abandonné, le propriétaire entre les mains duquel il reste improductif ne refusera certainement pas de le concéder à bail pour un temps donné Mais, s'il refuse ? Dans ce cas, le terrain sera imposé, nous l'avons dit, comme il devrait l'être s'il était en pleine culture, et l'un des buts sera atteints : l'augmentation du budget.

Il y aura justice : rendre productif un terrain qui ne l'est pas, c'est ne faire tort à personne, c'est faire un travail d'utilité publique ; et si celui qui a le droit de s'y opposer veut jouir de ce droit, il en est libre mais il ne doit pas priver la société d'un de ses moyens d'existence ; il est donc de toute justice qu'il paie à l'État le revenu qu'il lui empêche d'obtenir.

Si un terrain est en culture, mais s'il est mal cultivé, si la commission qui préside aux travaux de ces ouvriers de l'agriculture, de ces *amélioreurs*, si on veut les appeler ainsi, si cette commission juge que ce terrain peut être amendé, travaillé de telle sorte qu'il rapporte beaucoup plus, la direction proposera alors au propriétaire de le lui affermer, et s'il refuse, il en sera du terrain mal cultivé comme de celui entièrement en friche.

Néanmoins, il peut arriver que le propriétaire donne à son refus des motifs très plausibles : il alléguera que le prix du fermage qu'il recevra ne pourra pas nourrir sa famille, et qu'il trouve les moyens de vivre avec le produit de son champ. Il serait injuste en effet, sous prétexte d'utilité publique, de hausser les impositions de ce petit propriétaire, qui peut tout au plus payer celles auxquelles il est déjà taxé, ou de l'obliger à recevoir une somme annuelle insuffisante pour le faire vivre, tandis que sa famille et lui suffisaient à leur existence par le travail qu'ils donnaient à leur champ.

Dans ce cas, on peut procéder autrement : si cette famille vivait dans son champ, par son travail, elle peut continuer d'y vivre ; on lui donnera (pendant le temps que les terrains cesseront de produire, à cause des travaux d'amélioration qui s'y feront), on lui donnera la même quantité de blé et de récoltes de toutes natures que le champ aurait pu produire.

Leur travail ne sera pas perdu pour eux, ils se joindront aux ouvriers de l'établissement, et comme eux, ils recevront solde et nourriture. Enfin, ils paieront le travail fait à leurs champs, en donnant une partie de l'augmentation du revenu qu'on leur aura procuré.

Il ne faut pas espérer que les améliorations du sol que nous signalons puissent être faites par les capitalistes ; ils pourront acheter des terres fertiles, les faire cultiver ; mais jamais ils ne se livreront à l'amélioration des mauvais terrains. Toute entreprise qui ne leur rapportera pas cinq pour cent est pour eux une mauvaise entreprise ; et le sol ne donnant que 3 pour 100, ils n'emploieront pas leurs capitaux au sol. Non-seulement le sol en friche ou en mauvaise culture n'obtiendra pas le concours des capitalistes *proprement dits*, mais encore les petits cultivateurs eux-mêmes lui feront défaut; ils préféreront toujours, ainsi qu'ils le pratiquent, employer le temps qui leur reste à aller travailler à la journée pour le compte d'autrui. Le prix de ces journées est souvent le seul argent qu'ils reçoivent; manquant d'ailleurs des ressources et des connaissances nécessaires pour se procurer les amendements indispensables, afin que le travail qu'ils pourraient donner à l'amélioration d'un champ devînt productif; nous ajouterons une raison non moins puissante qui fait que le sol cultivé ne s'étendra pas sans une protection directe : c'est la fausse estimation qu'on fait en argent du prix d'un champ et d'une journée de travail. Ainsi, l'on dépensera plus en travaux et en achats d'amendements pour améliorer un terrain en friche ou mal cultivé qu'on ne paierait, dans le même climat, un champ en pleine culture et d'un grand rapport.

Le sol n'étant point protégé subit une dépréciation funeste.

Le travail donné à l'agriculture est payé trop cher si l'on compare l'argent qu'on donne pour cultiver un champ à celui qu'on reçoit des récoltes de ce champ. Il est donc du devoir du gouvernement de prendre les mesures nécessaires pour faire une plus juste application de l'emploi des bras et des forces dont il peut légitimement disposer, puisque ces mesures auront pour résultat de sauver la société en péril. Si l'on n'emploie pas le moyen que nous proposons, qui, outre les avantages que nous indiquons, répandra partout en France le goût de l'agriculture, l'Etat restera pour longtemps encore privé d'une grande richesse territoriale, la plus solide de toutes.

C'est la terre qui nourrit l'homme, et l'homme la délaisse; il est à la veille de manquer de pain, et il va porter à l'industrie, qui le trompe, le reste de ses ressources. Ainsi, chacun va dépenser son argent dans les villes; il en résulte que les campagnes étant privées de numéraire, la valeur monétaire y est trop élevée. Le développement rapide de l'industrie et les bénéfices quelquefois fabuleux d'une nouvelle invention, ont fait payer les journées de travail un prix trop grand, c'est une des premières causes qui ont mis tant d'ouvriers sur les bras de l'industrie.

L'industrie, dans ces derniers temps, a eu des moments frénétiques, chacun aspirait à un succès; il y a eu une rage de commandite : c'était un jeu comme celui de la bourse, avec toutes ses chances et ses péripéties. Les possesseurs des écus, avides et rapaces, ont prêté l'oreille aux brillantes promesses que leur faisaient les entrepreneurs industriels, dont beaucoup peuvent être nommés *chevaliers d'industrie*, et ces détenteurs de l'argent ont vu disparaître leurs *trésors*. Il n'y a pas trop à les en plaindre; c'est un enseignement : ils jouaient, ils voulaient *gagner vite au risque de tout perdre.*

Ces débordements ont eu pour résultat de faire abandonner l'agriculture; les hommes et l'argent y sont rares : un champ de terre coûte trop bon marché, et la journée d'un homme pour le cultiver est payée trop cher.

Un temps viendra, si, comme nous l'espérons, on se tourne vers l'agriculture, où toutes choses se faisant équilibre rentreront dans un état normal. Les arts industriels et agricoles étant également familiers aux populations, seront rétribués dans des proportions équivalentes ; ainsi, le travail de l'agriculteur exposé au vent et à la pluie, sera payé plus que celui de l'ébéniste, etc. L'homme occupé à battre le blé pendant l'hiver gagnera autant que le forgeron. Ces modifications auront lieu indubitablement, les progrès de la civilisation nous en donneront les moyens, et la marche ascendante de la population en commandera l'exécution. Ce n'est point seulement dans les salaires des ouvriers que des modifications seront apportées : l'instruction étant donnée à tous, chacun possèdera à peu près les conditions d'aptitude pour remplir les fonctions de ce que l'on nomme vulgairement un employé, et tous ceux qui possèderont les connaissances et les qualités morales nécessaires pour tel ou tel emploi, concourront ensemble. Une fois admis au même degré, ils se feront concurrence et soumissionneront au rabais, et pour telle quantité de temps employée, ils devront donner telle quantité de travail, comme cela existe dans différents ordres de la société. C'est seulement alors que le talent et le travail recevront une rétribution équitable ; cette phrase fameuse : *la curée des places*, disparaîtra; les gouvernements pourront être probes ; ils n'auront plus besoin de corrompre pour augmenter le nombre de leurs créatures. Quand on ne pourra plus remplir ses poches au pouvoir, les envieux seront beaucoup moins nombreux. Différents emplois deviendront honorifiques ; les candidats qui les brigueront, après avoir fait preuve de capacités, seront nommés par leurs concitoyens, au suffrage universel.

Si l'on considère la situation de l'Europe, on verra que cette époque est plus rapprochée de nous qu'on ne le pense :

La population, toujours croissante, va chercher au loin des terres pour y former des colonies. L'Allemagne envoie tous les ans des essaims de colons pour peupler les Amériques. L'Angleterre, avec son immense commerce, le développement gigantesque de son industrie, est impuissante à nourrir l'Irlande, qui déjà commence à émigrer. La moitié des habitants des Flandres manquent de pain pendant une partie de l'année. Plusieurs de nos départements sont dans ce cas-là : le sol, mal cultivé sinon tout-à-fait inculte, ne peut nourrir leurs habitants, et ils sont forcés d'émigrer: ils viennent à Paris grossir le nombre des malheureux à la charge des municipalités.

Cependant le moment approche où les deux mondes seront également peuplés. Bientôt les colons ne sauront plus où aller, et l'on sera forcé *d'agrandir le sol cultivé* pour qu'il suffise à la nourriture de ses habitants. Attendra-t-on que la misère et la famine aient poussé toute la population des campagnes dans les grandes villes; que les hommes, exaspérés par la souffrance, renouvellent ces temps terribles de dévastations dont les histoires nous ont conservé le souvenir? Il sera trop tard... L'État se sera ruiné par les dépenses énormes qu'il aura faites pour accorder des secours toujours insuffisants. Que fera-t-il alors?

Puisqu'il a des ressources, qu'il s'en serve, quand il en est temps encore!

Ce que nous lui demandons est juste et raisonnable.

Juste, car l'exemption du service militaire est une indemnité que l'on doit aux hommes qui travaillent exposés, toute l'année, aux ardeurs du soleil, aux intempéries des saisons, qui font un service public, profitable à la société toute entière ; et ceux qui préfèrent les travaux plus faciles, qui s'exécutent dans des ateliers abrités contre le froid et la pluie, travaux qui ne profitent qu'à ceux qui les exécutent ; ceux-là doivent donner à la patrie quelque chose en compensation, et l'État, en faisant peser les conscriptions un peu plus sur eux, fait un acte de justice.

Ce que nous proposons est raisonnable, car, outre les avantages qu'on en retirera, l'exécution en est facile : elle ne coûtera rien à l'État ; elle l'enrichira au contraire, et lui procurera les moyens de résoudre dès à-présent ces grandes questions d'économie sociale qui menacent de mettre la nation en péril.

On a coutume d'estimer le rapport d'un champ, en comptant, d'une part, l'argent qu'on a dépensé pour le travailler, d'autre part, l'argent qu'on a retiré de la vente des produits de ce champ.

Ce procédé est inexact. La valeur du *franc* varie ; elle est sujette à des fluctuations, à des hausses et à des baisses souvent inexplicables.

En effet, si l'on nous disait qu'en une telle année du siècle précédent, en 1748 par exemple, un hectolitre de blé se vendait à Paris le même prix qu'aujourd'hui, pourrait-on en tirer la conclusion qu'il n'était pas plus cher alors ? Non, à coup sûr. Tous les économistes diront que 20 fr. en 1748 valaient plus que 20 fr. aujourd'hui. Mais pour quelles causes ? La quantité d'argent monnoyé était moindre, c'est vrai, mais la population n'était alors que de 22 millions d'habitants au plus. En 1748 le commerce était restreint ; le numéraire n'avait en quelque sorte de signification chez nous que pour les grands seigneurs et pour les *prêteurs*. Le cultivateur donnait l'excédant de ses récoltes pour quelques *piécettes*, pour un peu d'argent qu'il cachait ; c'était la seule fortune qu'il pouvait sauver de la rapacité du *seigneur*.

La quantité métallique d'argent est, dit-on, plus considérable qu'elle n'était il y a un siècle ; mais en l'admettant, ne faut-il pas tenir compte de la population d'alors, qui n'était que les 11/17 de celle d'aujourd'hui, et la quantité d'argent que les mines ont fourni a-t-elle augmenté dans cette proportion ? Non assurément ; mais l'esprit humain a marché, mais chacun s'est ingénié à trouver des moyens pour doubler ce que l'on considérait alors, et encore aujourd'hui, comme la richesse, l'*argent*. On a inventé le papier ; il a doublé, quadruplé, décuplé le numéraire. L'industrie et le commerce, dans leurs développements, en inventant le crédit, ont opéré un miracle bien plus grand encore : ils ont plus que centuplé l'argent ; et, nous le pensons, ce sont là les causes qui ont dû faire baisser le prix des monnaies, quoique notre population soit plus considérable et que l'argent n'ait pas sensiblement augmenté en quantité. Mais l'esprit humain dans sa marche est très-variable : qu'un grand cataclysme vienne frapper les nations, que la crainte ou le doute s'empare des peuples, la défiance apparaît, la confiance n'existe plus, et sans la confiance et la sécurité, point de crédit, alors, l'argent remplaçant le papier, remplaçant la confiance, le *crédit*, servant à toutes les transactions, augmentera nécessairement de valeur, il devra s'élever en raison de l'accroissement de la population et de la quantité d'opérations que les peuples feront entre eux. Si, d'une part, l'argent craintif reste caserné, et que de l'autre la faible partie livrée à la circulation ne puisse se faire représenter, les transactions seront entravées, les échanges plus difficiles, que l'argent alors profitant de ces embarras, acquiert une valeur double, nos institutions restant les mêmes, nos obligations étant égales et devant être acquittées en écus, seront réellement doubles. Ainsi, les imposés paieront deux fois; ainsi, le budjet de 1,800,000,000 fr. pèsera sur le pays pour une valeur annuelle de 3,600,000,000 fr. ; ainsi, les baux, les engagemens pris, au lieu d'être profitables à l'industriel, seront les causes de sa ruine, et un malaise général frappera la société toute entière. Ces fluctuations difficiles à expliquer, et plus difficiles à prévoir, existeront jusqu'à ce que les peuples, devenus majeurs, émancipés dans la vie politique, auront amené la conduite des nations à un état plus rationnel, à un *état normal*, et une unité comparative de la richesse pourra être déterminée. Alors l'élément producteur sera réglementé, et une récolte abondante ne sera plus une illusion, ce sera véritablement une richesse.

Ce n'est donc pas à l'argent qu'il faut comparer la production d'un pays pour avoir sa richesse, mais à quelque chose de plus fixe, à quelque chose qui ne varie pas.

Pour estimer le travail que nous proposons, nous allons examiner qu'elle est la moyenne de la production du sol, quels travaux il réclame, et déterminer la quantité de denrées et de produits de toute nature nécessaires à la consommation d'un homme. Nous prendrons pour terme de comparaison la quantité de blé nécessaire à la vie d'un homme suffisamment nourri. Il y a deux siècles, l'espèce humaine consommait pour sa nourriture ni plus ni moins de pain qu'aujourd'hui (toujours dans la supposition d'une nourriture suffisante).

Expliquons ce que nous entendons par une nourriture suffisante :

Dans certaines contrées de la France on ne boit pas de vin, on mange très-peu de viande, et la quantité de blé qu'on y consomme est plus grande, parce qu'elle remplace la viande qui manque.

Mais entrez dans la maison d'un laboureur aisé d'un pays vignoble, estimez la quantité de pain, de vin et de viande qui est nécessaire à la nourriture d'un homme; faites la même expérience dans toute autre contrée de la France, toujours chez un laboureur aisé, et vous trouverez que cette quantité de nourriture est la même.

Cela se conçoit. Ces hommes peuvent se donner les suffisances de la nourriture; ils sont adonnés aux mêmes travaux, ils ont les mêmes besoins, ils font la même consommation.

Quelle est donc la quantité de nourriture nécessaire à un homme? On peut l'estimer avec précision; des expériences assez nombreuses et faites depuis assez longtemps peuvent nous le faire connaître. On sait ce que consomment les matelots d'un équipage, les soldats d'un régiment....., l'on peut donc déterminer exactement la quantité d'aliments qu'il faut à un homme!

On peut faire la même estimation quant au vêtement. On sait combien le soldat et le matelot usent de pantalons, d'habits, de souliers, etc.; on sait aussi combien il faut en poids de chanvre, de laine et de cuir pour l'entretien du vêtement. Toutes ces choses sont des produits du sol. On peut estimer quelle surface de terrain produit assez de blé, de vin, de chanvre, de viande, de laine, etc., pour l'*existence* d'un homme.

On peut estimer également combien d'hommes sont employés à l'agriculture:

Sur les 56 adultes qui existent sur cent hectares, il faut retrancher les femmes, il reste 28.

Déduction faite des soldats, des employés, des commerçants, des industriels, etc., qui font plus de la moitié de la population, il reste tout au plus pour cultiver 100 hectares, 13 hommes découragés qui regardent leur profession comme la pire de toutes. Le travail d'un homme doit donc nourrir 4 hommes 1/4; mais les travailleurs peuvent être malades, et l'on compte, en moyenne, en France 1 malade sur 20 personnes. Chaque travailleur doit donc faire produire au sol tout ce qui est nécessaire à la nourriture de 4 hommes 1/2 adultes; ce qui représente en personnes de tout sexe 5 habitants 86/100, tout près de 6 habitants.

Le travailleur doit donc faire produire en un jour ce qui suffit à la nourriture de 6 personnes; mais comme il y a un jour de chômage sur sept, il faut que sa journée suffise à la nourriture de 7 personnes.

Il faut aussi qu'il paie les impôts de toutes sortes qui pèsent en définitive sur les produits du sol; et quand les récoltes sont abondantes, le capital qui doit les représenter leur fait subir une dépréciation proportionnelle à leur quantité. Le capital, qui sent son impuissance à s'accroître, et qui persiste dans ses prétentions à représenter la fortune publique, est obligé de déprécier ce qu'il ne peut plus représenter; et si l'on veut savoir maintenant quels avantages les directions d'amélioreurs procureront à la société, ils deviennent évidents:

Nos travailleurs amélioreurs qui n'auront pas à supporter les charges des cultivateurs, feront certainement, en travaillant avec ordre, avec ensemble, sans *temps perdu*, débarrassés des soucis et des préoccupations qui assiégent les pères de famille, autant d'ouvrage que 50 cultivateurs isolés, travaillant sans méthode et sans ensemble; ils gagneront au moins en un jour ce qui doit suffire à la nourriture de 7 personnes.

Ceci paraîtra d'autant plus évident, que chaque père de famille est obligé de nourrir 5 personnes 1/2; car la moyenne des enfants de chaque ménage est de 3 1/2.

Les 50 amélioreurs, occupés à cultiver un champ, pouvant gagner en un jour six fois leur consommation, les jours destinés au repos déduits, n'auront donc besoin d'employer qu'un sixième de leur temps à la culture pour se nourrir. Sur 48 travailleurs par établissement, en accordant 2 malades, il restera 40 hommes valides et bien dirigés, occupés tous les jours à amender, à disposer un nouveau champ pour lui donner une culture meilleure, et l'administration bénéficiera pendant 15 ans de la plus value apportée à chaque champ amélioré par ses 40 travailleurs. En estimant, au plus bas, que nos hommes ne puissent améliorer que 50 centiares de terre par jour et par homme, ne tenant pas compte des chevaux ni des engrais (attendu qu'on élèvera des chevaux et autres bestiaux, et qu'on récoltera des engrais), pour 40 hommes, travaillant pendant 300 jours, nous aurons 60 hectares de terrains devenus cultivables. Ces terrains acquerront souvent une valeur deux fois, trois fois, quatre fois plus grande que celle qu'ils avaient précédemment; mais en admettant que la valeur de ces terrains ne soit augmentée que d'un quart, l'administration gagnera par année le revenu de 15 hectares de terre pendant 15 ans, temps fixé pour la durée de ses beaux; ou les revenus de 225 hectares de terre pendant un an par établissement, toujours à percevoir en 15 ans. Ces terrains pourront être affermés à raison de 50 fr. par hectare au grand minimum, estimés en argent. — 225 hectares donneront 11,250 fr. — 100 hectares fournissent aux besoins de 121 hommes : pour 225 hectares on aura donc augmenté le rapport du sol amélioré de l'existence de 272 hommes, et si nous estimons qu'un homme ne dépense que 50 centimes par jour, mais qu'il les dépense, le bénéfice sera de 49,640 fr. — Il y a en France 4,000 cantons, que si l'on crée un établissement d'amélioreurs par canton, les amélioreurs augmenteront, par an, la richesse territoriale de l'existence de 1,088,000 hommes adultes. Que si en France le chômage des ouvriers, le manque d'occupation, les nécessiteux sans asile et sans emploi, fournissent aux établissements 300,000 travailleurs, et ce chiffre est très présumable, en admettant que ces travailleurs adjoints, moins bien exercés, ne fassent que les deux tiers du travail de l'un de nos hommes, ils auront gagné leur nourriture et leur entretien, et ils auront ajouté à la totalité de nos productions une quantité égale à 1,088,000 existences d'hommes. La France augmenterait donc annuellement sa richesse territoriale de tout ce qui est nécessaire à la nourriture et aux vêtements de 2,176,000 hommes.

Voyons, dans l'état actuel de l'agriculture, ce que donnent 100 hectares de terrain, et la quantité d'hommes qui s'y trouvent.

En divisant 33,540,910 habitants, population de la France, par 52,758,600 hectares, on trouvera que chaque kilomètre (100 hectares) contient 64 habitants environ.

Les rivières, les routes, les villes occupent un peu moins de 4 millions d'hectares, restent 48 millions d'hectares de terre propre à la culture, et 70 personnes à nourrir pour 1 kilomètre carré (100 hectares).

La population se compose d'hommes adultes d'une part, de femmes, d'enfants et de vieillards, d'autre part, qui consomment moins.

En prenant le nombre des hommes de tout âge tel que le donne les tables de l'Annuaire des Longitudes, on trouve 24 millions d'adultes, hommes et femmes.

Les 10 millions qui restent consomment moins que les 2/3 d'un homme adulte.

On peut estimer la consommation de la population égale à celle de 30 millions d'hommes, et elle est certainement moindre.

Ce qui ramène à la ration de 60 hommes que doivent fournir 100 hectares de terrain cultivable.

Les animaux qui vivent sur 100 hectares donnent annuellement, en moyenne :

Viande...................... 5,550 kilos.
Laine...................... 800
Cuir, la chaussure de 200 hommes.

Les récoltes de toutes sortes représentées par leur équivalent en blé converti

En pain...................... 36,000 kilos.
En vin...................... 20,000 litres.

La nourriture qu'il faut à un homme, en la supposant égale a la ration du cavalier, est par an de :

Pain...................... 292 kilos.
Viande...................... 109
Pour vêtement, laine........... 6 kilos.

100 hectares, dans l'état actuel de l'agriculture, fournissent donc aux besoins,

En viande, pour.............. 51 hommes.
En pain, pour.................. 123
En vin, pour.................. 111
Chaussure, pour.............. 200

Il y a 60 hommes à nourrir, il y a donc déficit en viande pour 9 hommes. Augmentation pour tout le reste,

Pour le pain de............... 63 hommes.
Pour le vin de.................. 51
Pour le vêtement de........... 72
Pour la chaussure de......... 140

En établissant la compensation, et prenant la moyenne, on trouve que 100 hectares de terre suffisent, avec la *culture* médiocre qu'ils reçoivent, aux besoins de l'existence de 121 hommes, ou deux fois environ la population qui les habite.

Il faut déduire de 48 millions d'hectares de terrain arable ce qui est occupé par les forêts de l'Etat et des particuliers. Les forêts de l'Etat couvrent une superficie de 1 million 200 mille hectares ; les forêts des particuliers sont un peu moins étendues que celles de l'Etat. La surface forestière est donc tout au plus de 2 millions 500 mille hectares. Ce nombre étant retranché de 48 millions, il reste 45 millions 500 mille hectares.

Soit 45 millions pour nourrir toute la population. Cela donne 74 personnes par kilomètre carré (ou 100 hectares). Mais nous avons vu que 100 hectares de terrain médiocre et cultivés par les procédés ordinaires suffisent à la nourriture de 121 hommes adultes, ce qui représente 146 personnes de tout âge. Chaque kilomètre carré peut donc dans l'état actuel (mais en supposant qu'il soit cultivé et qu'il ne reste pas à l'état de jachères) nourrir 47 personnes en plus de sa population.

On peut donc admettre sans exagération que le sol français bien cultivé nourrirait le double de ses habitants.

Une administration sage et prudente, qui saurait tirer parti de l'abondance des produits du sol et les faire profiter au cultivateur, au travail duquel on les doit, rendrait au pays le plus grand des services :

Celui de nourrir suffisamment et à bon marché les populations qui souffrent de la famine dans les années mauvaises, et qui, dans les années fertiles, manquent d'argent pour acheter leur nourriture. Ce qui fait qu'en définitive, dans l'état actuel des choses, avec un système agricultural vicieux, les années d'abondance sont pour les classes pauvres des années de disette.

Il résulte de cette démonstration que la France n'est point un pays pauvre, que nous pouvons espérer un avenir meilleur, que nous pouvons renaître à une confiance et à une sécurité légitimes. Loin de nous, en retraçant la marche fausse de notre industrie et de notre commerce, la pensée de jeter la désolation parmi nos concitoyens, nous avons voulu au contraire examiner notre société dans ses plus petits détails, faire le budget de nos ressources, et rétablir autant que possible l'équilibre dérangé, faire que la production marche en rapport avec la population, et que notre industrie et notre commerce sortent des errements qui les entraînent irrésistiblement vers leur perte, en étendant d'une manière considérée le cercle de leurs opérations ; enfin, nous avons voulu indiquer les moyens d'établir un équilibre *approché* entre ces trois principes, sur lesquels repose l'existence des sociétés :

La Production , l'Industrie et le Commerce.

Si l'on doute de la vérité du tableau que nous venons de présenter, et que l'on nous dise que nous n'avons pas suffisamment étudié la question, nous répondrons :

Que nous avons sillonné la France; que nous avons interrogé le laboureur et le terrassier; que nous avons pris les informations les plus minutieuses, tant sur les prix de revient que sur la valeur des récoltes; que nous nous sommes dévoués entièrement à cette œuvre ; que nous avons communiqué le résultat de nos observations aux hommes les plus éminents dans les sciences économiques, aux hommes les mieux placés dans l'aristocratie du capital, que nous avons reçu des encouragements de toutes parts ; que des capitaux nous ont été offerts pour entreprendre ces immenses travaux; que nous sommes autorisés à proposer à l'État (et nous proposons), s'il consent à nous accorder l'exemption du service militaire, pour les travailleurs que nous lui demandons :

D'entreprendre ces travaux, à nos risques et périls, dans toute l'étendue de la France , avec le concours de l'État, sans lui réclamer aucun autre secours, nous obligeant à nourrir, à loger et à vêtir les travailleurs amélioreurs, et à satisfaire à toutes les exigences que demande une pareille entreprise.

CONCLUSION.

CHAPITRE V.

Le progrès moral dépend du progrès physique. — *Économie sur le budget des dépenses de l'État.* — *Chacun, étant occupé, vivra largement, aisément, du produit de son travail.* — *Le vagabondage et la mendicité supprimés.* — *La tranquillité, la sûreté et la paix intérieure.* — *L'État puissant pour repousser toute agression.*

La France a marché à la tête de la civilisation et du progrès ; elle a ouvert le chemin à l'Europe ; et il est de sa dignité de conserver son rôle initiateur, et de précéder les nations dans leur marche vers le bien-être physique et moral des peuples.

C'est la France qui, la première, a déclaré que la conquête n'était pas et ne devait pas constituer un droit ; et il lui convenait plus qu'à toute autre nation de faire cette déclaration, elle qui, pendant vingt ans, avait promené dans toute l'Europe ses armées triomphantes.

Il est aujourd'hui un autre genre de conquêtes, que l'on peut faire légitimement, sans verser le sang, sans porter la désolation chez ses voisins, conquêtes qui élargissent, en réalité, le territoire, sans cependant en reculer les limites. Cette conquête se fait avec une charrue, que l'on promène sur les terres incultes. Un hectare de terrain stérile rendu à la culture, c'est un hectare conquis, un hectare qui vient contribuer à l'augmentation du bien-être des nations.

Pour cela, il ne faut ni canons, ni baïonnettes, ni soldats qu'on paie, qu'on nourrit, qu'on entretient, et qui ne produisent rien. Le bon sens public a déjà fait justice de ces armées énormes, toujours sur pied et toujours inactives depuis trente-trois ans.

Ce *fare niente* du soldat ne tente pas les hommes des campagnes ; ils ne se laissent enrégimenter que par force ; ils cherchent tous les moyens pour se soustraire à la conscription. Et tout le monde sait que les remplaçants, les *vendus,* comme on les appelle, sont des ouvriers des villes que la paresse ou la débauche poussent dans les régiments, où ils sont mal reçus, et où ils ne peuvent pas obtenir d'avancement.

Avec les ouvriers *amélioreurs* du sol, on aurait une armée, non plus de cinq cent mille hommes, mais d'un million d'hommes, tous travailleurs, produisant plus qu'ils ne dépensent, prêts à courir à la frontière au premier signal. Ces jeunes hommes seraient exercés au maniement des armes ; à certains jours de l'année, on leur ferait faire les manœuvres d'ensemble, les grandes manœuvres ; le service de la garde nationale, mieux organisé, deviendrait pour eux un moyen de ne pas oublier les évolutions militaires qu'on leur aurait apprises.

Qu'on nous permette de retracer rapidement l'ensemble de notre projet :

Donner une direction plus convenable à l'emploi des bras dont peut disposer l'état; employer toutes les forces inactives qui demandent à être occupées, à améliorer le sol dans toute l'étendue de la France, à faire produire à nos terres des substances alimentaires en abondance.

L'état de l'agriculture est insuffisant. Nous achetons des grains et de la viande à nos voisins, qui, bientôt, n'en auront plus assez pour eux. Notre pays, ne se suffisant pas à lui-même, s'appauvrit tous les jours ; il est à la veille d'une disette générale, et sa population augmente sans cesse. Avant cent trente sept ans, elle sera doublée. Nous avons 46 millions d'hectares à faire produire, et un hectare, bien cultivé, peut largement fournir à l'existence de deux hommes, nourriture, vêtement et gîte. La population est de 34 millions; on compte autant de femmes que d'hommes ; reste 17 millions. Les enfants, les vieillards, les malades et les infirmes en forment les deux cinquièmes. Nous avons donc environ 11 millions d'hommes valides, sur lesquels nous déduirons les employés de toutes sortes, ceux occupés aux travaux industriels et de commerce, aux beaux-arts, aux sciences, à l'armée, les riches, les fainéants parasites à la charge de la société. Il reste à peine 6 *millions* de travailleurs occupés à l'*élément producteur*.

Nous avons déduit les causes pour lesquelles on désertait inconsidérément les travaux des champs. C'est donc à l'État, qui peut seul prendre les mesures nécessaires pour remédier à un tel état de choses, que nous nous adressons. Il faut qu'il protège, qu'il donne un avantage aux hommes qui apporteront leur travail pour améliorer le sol, afin que la société ne craigne plus la famine dont elle est menacée; afin que nous puissions recueillir chez nous les aliments nécessaires à notre consommation ; afin d'augmenter la somme de notre bien-être; afin de pouvoir ramener la tranquillité et la sécurité, en publiant les résolutions qu'on aura arrêtées, les mesures qu'on aura prises et les résultats certains qu'on devra en obtenir. Nous avons des bras, des forces, c'est donc dans l'administration, dans la direction de l'emploi des bras, dans une plus juste application des forces dont nous disposons, que nous trouverons le remède au mal dont nous sommes atteints; que nous pourrons améliorer nos terres, et recueillir les substances alimentaires en rapport avec la progression de notre population.

Par toutes les raisons que nous avons dites, nous croyons qu'il est sage, qu'il est utile, qu'il est indispensable d'établir, dans chaque localité, dans chaque arrondissement, des administrations de travailleurs pour améliorer le sol, pour répandre partout les meilleures méthodes de culture.

L'exemption que nous demandons pour eux, et dont les gratifierait la société, serait légitimée, puisqu'ils augmenteraient notre richesse territoriale, richesse qui profiterait à tous.

Ces établissements, ainsi répandus dans toute l'étendue de la France, apporteraient à l'État l'avantage immense dans les circonstances dans lesquelles nous nous trouvons, de pouvoir donner un travail régulier, utile, productif, aux ouvriers nécessiteux, aux ouvriers industriels pendant leur temps de chômage, aux vieillards même peu valides, aux femmes et même aux enfants. Il serait donné à ces ouvriers, composés d'élémens divers, des travaux selon leurs forces; un minimum de travail pourrait être déterminé, et ils jouiraient, pendant le temps qu'ils seraient occupés dans l'établissement, des mêmes avantages accordés aux amélioreurs par les statuts : une nourriture saine et abondante, un gîte, un vêtement et une rétribution proportionnelle à la quantité de travail qu'ils auront fait. On pourrait admettre également des familles entières. *Le droit à l'assistauce*, inscrit dans la Constitution, trouverait son application *sans grever le budjet*, *sans embarras pour l'Etat.* Les jeunes gens, à leur sortie, recevraient en fermage un ou plusieurs hectares, qu'ils cultiveraient avec leur famille. Parmi les bons ouvriers qui seraient venus offrir leur concours, s'ils s'en trouvait qui voulussent devenir fermiers, et qu'on leur eût reconnu les capacités nécessaires : intelligence, ordre, activité, aptitude, on leur donnerait également un ou deux hectares à cultiver, dont ils rendraient un fermage. 20 millions d'hectares de terre, au moins, sont à améliorer, et celles réputées bien cultivées le seront mieux : *l'œil de la science sera placé à côté de chaque champ*, on saura mieux amender, recueillir, conserver et distribuer les engrais, et ce n'est pas trop présumer que de dire qu'on fera produire à notre sol le double de ce qu'il donne aujourd'hui.

Le vagabondage, que n'a pu faire disparaître Napoléon, s'éteindrait de lui-même ; le paupérisme, dans quelques années, ne serait plus qu'un mot sans signification dans notre langue ; les villes quitteraient leurs vêtements de deuil, elles ne renfermeraient plus que des citoyens utiles ; les hôpitaux seraient moins encombrés, les bureaux de bienfaisance n'auraient plus de pauvres pour leur distribuer les libéralités des personnes charitables. L'inquiétude détruite, la sécurité ramenée, on marcherait avec plus d'ensemble, on se comprendrait mieux ; on tournerait ses regards vers l'état, et au lieu de lui *crier après*, on se rallierait autour de lui, on se réunirait pour l'appuyer et le soutenir.

Les campagnes pauvres de ressources, placées loin des grands centres, où les riches viennent étaler leur luxe et où l'orgueil rivalise de générosité, ont été privées jusqu'alors des secours que l'on trouve dans les villes; elles n'ont ni hôpital, ni bureaux d'aumônes : les cris de nos faubourgs résonnent à nos oreilles, et les soupirs de la chaumière se perdent dans l'espace. Les établissements des *travailleurs-amélioreurs* tiendront lieu de ces hôpitaux ; les nécessiteux y trouveront toujours gîte et nourriture, et un médecin pour soigner leurs infirmités. Seulement, ici, plus de honte ; ce secours ne sera point une aumône, une prime donnée à la paresse ou au vice; chacun fera un travail, quelque mince qu'il soit, sauf les cas de grande maladie. La France s'enrichira de tous ces établissements qui, plus tard, alors que l'élément producteur aura atteint son dernier degré de perfection, pourront être transformés en invalides civils.

La tranquillité ramenée, la crainte qui retient les étrangers disparaîtrait, et ils accourraient bientôt dans notre pays pour jouir d'une liberté et d'un bien-être qu'on ne trouverait nulle part ailleurs.

Les avantages que l'on retirera de ce système, dont la mise en pratique ne coûte rien à l'État, ne change rien aux habitudes sociales, ne

compromet aucun intérêt, sont bien plus grands qu'on ne l'aperçoit
tout d'abord : non seulement il débarrassera les grandes villes de ces
hommes que le chômage et la misère mettent à la disposition des agita-
teurs, que les municipalités ne peuvent plus nourrir ; non seulement il
répandra l'aisance dans les campagnes ; mais encore il fera respecter
la France au dehors : en moins de vingt années, l'Etat possédera plus
d'un million de soldats, sans aucun frais pour lui, et presque sans efforts. Les nombreuses gardes nationales des populations rurales, *régulièrement organisées*, jouissant de l'instruction militaire hebdomadaire
donnée aux *amélioreurs*, deviendront une milice forte et courageuse
qui ne faillira point à la défense du pays.

Il nous fera connaître en outre ce que nous ignorons, savoir : *tout le
parti qu'on peut tirer du sol français.*

Ce préjugé que l'agriculture ne rapporte que 3 pour 100 s'effacerait
peu à peu ; on verrait ce dont est capable notre sol convenablement travaillé. — Nous avons sous nos yeux un exemple de ce que peut produire un terrain bien soigné. Les maraîchers qui cultivent, aux environs de Paris, un terrain de médiocre étendue, de médiocre valeur, en
retirent un revenu de beaucoup supérieur à l'intérêt que rapporterait la
valeur des marais. Et la preuve, c'est que tous les jours des gens achè-
tent de ces marais à un prix très élevé, et trouvent avantage à les cultiver.

On dit que les maraîchers ont des engrais en abondance, et l'on a
raison de le dire ; mais on devrait ajouter que si les hommes des campagnes connaissaient l'art de recueillir, préparer et conserver les engrais,
ils seraient beaucoup plus abondants qu'ils ne le sont. La quantité qui
se perd est plus considérable que celle qu'on recueille. A Paris, les
poudrettes qu'on fabrique ont perdu les *huit neuvièmes* de leur richesse
primitive lorsqu'elles arrivent dans nos champs.

Un particulier tout seul ne peut faire recueillir, sur la surface de la
France les engrais qui se perdent et que nos rivières charrient dans
l'Océan ; ce n'est qu'un vaste système agricultural, tel que celui que
nous proposons, qui peut rechercher et conserver ces engrais, qu'on
livrerait ensuite à l'agriculture.

Les chemins vicinaux, mieux entretenus, rendront les transports plus
faciles et moins coûteux, les irrigations, les calmatages sur une grande
échelle pourront être entrepris ; des sondages feront connaître les gise-
ments utiles comme amendements ; on pourrait les extraire et les trans-
porter.

On saurait quelle récolte a été trop peu abondante et dans quelles
proportions. Les *amélioreurs* auraient intérêt à se porter partout où
une amélioration serait nécessaire, et les petits cultivateurs auraient
également intérêt à les appeler, puisque les uns et les autres partage-
raient la plus-value donnée au terrain, et que le petit propriétaire n'é-
prouverait aucune perte pendant la durée des travaux d'amélioration.

Enfin, quand nous serions complètement dans l'erreur, l'État ne peut
pas refuser d'essayer le système que nous lui proposons. Il ne risque
aucuns capitaux, il ne compromet les intérêts de personne ; et, en sup-

posant que nous ne réussissions pas, personne n'aura souffert, personne n'aura rien perdu ; les terrains améliorés resteront améliorés, et voilà tout le mal qui en résultera. Il y aurait une imprudence et une incurie coupables de ne pas tenter une épreuve dont l'insuccès ne peut amener aucun péril, et dont la réussite promet des avantages qui assurent pour longtemps la paix intérieure et le bonheur de toute la nation.

Pollet, imprimeur, passage du Caire, 86.

POST-FACE.

Lecteur, qui avez lu ces pages, peut-être blâmerez-vous l'écrivain sans renommée, dont les théories ne tendent à rien moins qu'à changer la face de la société. Tant de prétention me sied mal, direz-vous; les habitudes d'une nation ne se changent pas comme ses modes; les usages, les mœurs tiennent aux idées, aux préjugés même, et vouloir les modifier aussi profondément serait une témérité de la part d'un homme dont l'opinion ferait autorité; et que dire d'un auteur inconnu qui ose concevoir et proposer de pareilles réformes ..

« Le commerce, l'industrie, le capital, le crédit se-
« ront toujours les quatre grands mobiles de la société.
« L'agriculture est destinée à nourrir les hommes, mais
« elle ne donne pas cette activité nécessaire à la vie
« morale et intellectuelle, il faut l'agitation que donne
« le commerce, l'activité d'esprit que réclame l'indus-
« trie; les combinaisons savantes appliquées au capital,
« et qui ramènent la fortune dans les cas désesperés,
« exercent le génie des hommes supérieurs, et le erédit

« enfin, avec toutes ses péripéties, excite et tient éveil-
« lées l'attention et l'émulation de tous. »

Sans doute, mais tout cela ne fait pas vivre, et :
Primò vivere deindè philosophari a toujours été une maxime utile et vraie.

J'ai été élevé dans les champs, j'ai semé le blé et planté la vigne. Séduit comme tant d'autres par l'attrait qui attire dans les villes, j'ai participé aux travaux de l'atelier et aux opérations du commerce; sans avoir touché à la vie politique, je ne l'ai pas moins suivie dans ses fluctuations. Aucun intérêt particulier n'a guidé ma plume, j'ai suivi le torrent qui entraine notre société, je suis arrivé sur les bords de l'abîme, j'en ai vu la profondeur, et, pour avertir mes frères du danger, j'ai écrit ce livre.

J.-L. PICHERY.

19

Dauvergne.

TOPOGRAPHIE

MÉDICALE

DES EAUX THERMALES

SULFUREUSES

DE GRÉOUX EN PROVENCE.

TOPOGRAPHIE

MÉDICALE

DES EAUX THERMALES

SULFUREUSES

DE GRÉOUX EN PROVENCE,

CONSIDÉRÉE DANS UN BUT THÉRAPEUTHIQUE,

Par A. DAUVERGNE (de Valensole),

Ancien élève de l'hôpital St-Louis et de l'École-Pratique de Paris, secrétaire de la Société Dermatophile, membre-fondateur de la Société Phréno-logique de Paris, etc., etc.

> La nature du sol, la position des lieux, la culture des terres, annulant les influences générales, imposent des saisons et des climats particuliers à chaque pays.
>
> ROSTAN.

PARIS,

IMPRIMERIE DE P. DUPONT ET G. LAGUIONIE,

RUE DE GRENELLE-SAINT-HONORÉ, N° 55.

1833.

A Messieurs

Le Baron Alibert,

Officier de la Légion-d'Honneur, de l'ordre de St-Michel et de St-Wladimir, professeur à la Faculté de Médecine, médecin en chef de l'hôpital St-Louis, membre de l'Académie de Médecine, premier médecin du collége Henri IV, etc., etc., etc.,

Jules Cloquet,

Chevalier de la Légion-d'Honneur, professeur à la Faculté de Médecine, chirurgien en chef de la Maison royale de Santé, membre de l'Académie de Médecine, etc., etc., etc.,

P. N. Gerdy,

Chirurgien en chef adjoint de l'hôpital St-Louis, professeur d'anatomie, de physiologie, d'hygiène et de chirurgie, agrégé à la Faculté de Médecine de Paris, etc., etc., etc.,

Hommage et gratitude pour la bienveillante amitié dont ils m'honorent;

Leur dévoué Élève,

DAUVERGNE.

TOPOGRAPHIE

MÉDICALE

DES EAUX THERMALES

SULFUREUSES

DE GRÉOUX EN PROVENCE,

CONSIDÉRÉE DANS UN BUT THÉRAPEUTIQUE.

———◦◦◦———

S'il est vrai que les eaux thermales sulfureuses soient du plus grand secours dans la thérapeutique des maladies chroniques, il est non moins incontestable que les climats et la situation topographique sont des modificateurs puissans pour ces mêmes affections. Ces considérations, de la plus haute importance, ont de tout temps occupé les médecins; ne serait-ce pas un pareil motif qui a déterminé Hippocrate à dire que les sources sont meilleures au midi, et que celles du nord ont moins de vertu? cependant nous devons avouer qu'il est une lacune sur ce point dans la science : nous possédons peu de descriptions topographiques détaillées. Il serait à désirer, pour engager les médecins à envoyer leurs malades dans tel ou tel pays, qu'ils pussent calculer d'avance, sur des circonstances bien appréciées, quels sont les avantages certains que rité. Les formes bien proportionnées, la vigueur des individus qui habitent ce pays, le peu de gens scrofuleux ou la modification favorable qu'éprouvent ceux qui l'étaient originairement, en sont des preuves irrécusables.

Cependant, avec tous ces avantages ordinaires, la Provence est soumise à des variations atmosphériques qui pourraient devenir funestes aux malades qui n'y seraient point habitués. Il est aussi peu de pays qui dans une étendue si limitée présentent, à cause des localités, autant de climats différens. C'est ainsi que pendant l'hiver les montagnes du nord de la Provence demeurent des mois entiers couvertes de neige, tandis qu'au centre elle y séjourne à peine quelques heures, et vers le midi la rencontre-t-on fort rarement.

Au printemps, en été, en automne, les différences de température sont infiniment moins marquées ; la chaleur est uniformément répandue pendant les mois de juillet et d'août : auparavant elle semble se propager de la basse à la haute Provence. Ce qui le prouve, c'est l'époque différente des moissons ; ainsi, tandis qu'à Arles, Marseille, les récoltes sont achevées, elles commencent à Digne, Sisteron, et beaucoup plus tard à Barcelonette. Ceci dépend de la hauteur progressive du sol : en effet on voit le terrain s'élever par gradation depuis Marseille jusqu'à Barcelonette, confin du département des Basses-Alpes et qui se trouve à plus de six cents toises au-dessus du niveau de la mer. Toutefois la disposition des localités

y apporte la plus grande influence. Ainsi on peut
observer à chaque instant qu'un pays évidemment situé au nord d'un autre est néanmoins
plus précoce dans ses productions; cela s'explique
par les montagnes qui, les abritant au nord, con-
centrent ainsi dans un petit espace la chaleur
qu'ils reçoivent. Hyères, par exemple, doit ces
avantages aux montagnes qui la protégent de tous
côtés ; elle n'est accessible qu'aux rayons solaires
et aux vents du sud, aussi sa température est-elle
uniforme et beaucoup plus constante qu'à Toulon, Fréjus, villes voisines, mais exposées aux
agitations atmosphériques. D'autres pays, au
contraire, bornés au sud par ces mêmes montagnes, ne peuvent profiter qu'avec difficulté de
l'action bienfaisante du soleil ; je pourrais citer à
ce sujet une maison de campagne qui, malgré la
pureté constante du ciel, est privée pendant quatre mois de l'année de la lumière solaire. Enfin,
pour porter jusqu'à la conviction ce que j'avance,
il ne s'agit que de désigner la montagne de Lure,
qui, brûlante en été par sa partie tournée au sud ,
conserve encore de la neige derrière elle. Le sommet de cette montagne en est presque constamment recouvert: mais ceci s'explique par son élévation de neuf cents toises; et la présence de la neige
ne paraît dès-lors plus surprenante puisque, sous
une latitude bien inférieure, les Andes du Pérou
conservent des glaces éternelles. M. de Humboldt
dit que nulle part le voyageur n'est plus frappé
des rapprochemens des climats les plus opposés

que, dans le nouveau continent, à l'état de Vera-
Cruz. Dans l'espace d'un jour, les habitans descendent de la zone des neiges à ces plaines voisines de la mer où règnent des chaleurs suffocan-
tes; aussi voit-on à chaque pas changer l'aspect
du ciel, le port des plantes, etc. La Provence
offre en miniature ces contrastes grandioses du
Nouveau-Monde. En effet dans le nord de cette
contrée la vigne, l'olivier, l'amandier ne peuvent croître, tandis qu'ils font la principale
richesse des pays du sud et du centre. Bien plus :
Nonante, petit hameau renfermé entre des rochers
brûlans en été, produit du vin délicieux et re-
nommé; mais à deux lieues de là, à Barrème, la
vigne ne peut ni vivre ni produire. Malte-Brun
dit même que « sur le sommet des montagnes de
Barcelonette on trouve des végétaux propres au
climat de la Laponie, » tandis que la côte méridionale fournit une immensité de plantes afri-
caines.

Le sud de la Provence, au moment même des
chaleurs excessives, est exposé à des vents impétueux qui déterminent un abaissement subit dans
la température. Ce vent vient du nord-ouest, et
bouleverse toute la côte maritime; les anciens
l'appelaient *Circius*, aujourd'hui les Provençaux
lui donnent le nom de *Mistral*. Les pays situés
aux embouchures du Rhône et de la Durance,
dans des contrées planes et non abritées, en sont
quelquefois désolées. Aussi les agriculteurs ont-ils
soin de border leur propriété d'un mur de cyprès

ou de saules; je dis un mur, parce que ces arbres
se trouvent tellement rapprochés qu'ils forment
une haie haute et épaisse et qui protége bien évidemment les végétaux plus fragiles. Ce qui est
remarquable, et je dois cette observation à mon
ami M. Martel, c'est que ces mêmes arbres poussent des racines beaucoup plus fortes et plus longues du côté où ils sont obligés de lutter contre
le vent. En serait-il ici des végétaux comme des
organes de l'homme, qui prennent d'autant plus
d'accroissement qu'ils sont plus exercés? seraient-
ce ces secousses qu'éprouvent nécessairement les
racines du côté opposé au vent qui activeraient
la nutrition végétale ? Comme on le sait, il est de
vieille observation que les racines cherchent le
soleil; on leur a même attribué un instinct. Je
serais très porté à croire qu'un même mode d'action préside à ce phénomène ; là où le terrain est
échauffé par la lumière solaire il doit communiquer un *stimulus* vital plus considérable. La chaleur solaire favorise sans doute aussi la dissolution
des sels qui doivent servir à l'alimentation végétale.

Considéré sous un point hygiénique, ce vent
d'ouest est à la fois et fort redoutable et très salu-
bre. Il rafraîchit l'atmosphère, donne une nouvelle vie aux personnes qui, bien portantes,
étaient accablées par l'excessive chaleur; les végétaux brûlés par l'ardeur constante du soleil
reprennent leur vigueur et leur verdure. De tout
temps on a apprécié ses avantages; aussi Sénèque

nous apprend que César lui éleva un temple et des autels. Toutefois nous devons dire, pour lui faire une juste part, qu'il est la cause d'une foule d'accidens. On le concevra avec facilité si l'on considère l'abaissement instantané de température qu'il occasionne : on a vu, dit Malte-Brun, des Danois, des Suédois, des Russes supporter avec beaucoup de peine l'action de ces froids subits. Ainsi des angines, des pneumonies, des pleurésies ne reconnaissent bien souvent point d'autres sources. Les affections chroniques et les phthisiques en particulier en ressentent directement une fâcheuse influence.

Les vents du sud et du sud-est y règnent parfois aussi ; ceux-ci sont moins impétueux parce que, inhérens à la Méditerranée, ils ont pris naissance fort avant sur la mer et viennent pour ainsi dire expirer au rivage. Peut-être les grandes agitations atmosphériques qui produisent une foule d'accidens singuliers sur la côte d'Afrique, à Alexandrie, au Caire par exemple, sont la véritable source des vents que nous recevons. On conçoit d'ailleurs que des mouvemens si violens ne puissent être imprimés à l'air sans que ses effets ne se communiquent fort loin. Ce qu'il y a de certain, c'est que ces vents s'imprègnent, en effleurant la plaine liquide, d'une humidité remarquable ; ils nous colportent aussi une somme d'électricité plus considérable, qui, en se répandant dans notre atmosphère, agit manifestement sur le système nerveux. En effet, pendant ces journées les personnes les mieux portantes éprouvent un *colapsus virium* et un malaise notable. Les affections névralgiques paraissent agacées et s'exaspèrent momentanément. Nous devons ajouter que ces mêmes vents s'unissent pour l'ordinaire à d'autres phénomènes météorologiques : ainsi le ciel ne tarde pas à devenir brumeux ; les nuages s'amoncèlent, des éclairs s'échappent de divers points et sillonnent de tous côtés cette atmosphère sombre et nébuleuse. Le tonnerre gronde avec fracas et se réfléchit à l'infini dans les sinus variés que forment entre elles les montagnes. Enfin le vent ne tarde pas à cesser, la pluie tombe ; bientôt tout rentre dans l'ordre habituel, et le ciel reprend sa constante pureté.

La langue provençale se rattache à cette grande branche ethnographique appelée Thraço - Pélasgique ou Greco-Latine. Mais de même que nous avons vu varier les productions du pays, les climats, de même aussi chaque localité porte sur le langage des habitans un caractère propre; ici telle expression est inusitée, ailleurs elle est fréquente : d'un côté, la prononciation est douce, chantante, harmonieuse; là elle est rude, les consonnes sont multipliées, trop sonnantes, etc.

Topographie de Gréoux.

L'établissement des eaux thermales sulfureuses de Gréoux est situé à quelques mètres du village de ce nom. Il est à peu près au centre de la Pro-

vence et tout-à-fait au sud du département des
Basses-Alpes, en sorte qu'il n'est éloigné que de
douze lieues de la Méditerranée. Il touche le département du Var et se trouve par conséquent
à une petite distance d'Hyères. Au nord on
remarque les montagnes qui, prenant le nom
de Basses-Alpes, deviennent progressivement plus
élevées et finissent par se confondre avec les Alpes
proprement dites. Cette contrée, d'après un tableau comparatif de M. de Humboldt, se trouve
distante de l'équateur de 43 degrés 17 minutes et
de 3 degrés 2 minutes est du méridien de Paris.

Le territoire de Gréoux est limité dans un bassin
fort riant. Ce bassin, dirigé du nord-est au sud-
ouest, a une lieue environ dans cette direction.
Transversalement, c'est-à-dire du nord-ouest au
sud-est, on ne compte qu'un quart de lieue. Des
montagnes abritent de toutes parts cette contrée;
celles du nord-est et du sud-est sont très élevées
et rocailleuses. Les autres sont moins hautes, couvertes de terre végétale et peuplées de forêts. Au
nord-est on trouve deux vallées qui viennent y
aboutir; l'une prend naissance sur le territoire de
Valensole, l'autre est le résultat de plusieurs vallées qui conduisent au petit village de Saint-Martin,
à Riez et autres pays de la Provence centrale. Enfin
une troisième vallée au sud-ouest donne issue aux
eaux du Verdon; les collines qui la bordent sont
moins élevées et couvertes de terres cultivées.

Considérations géognostiques. Les terrains qui
composent ce pays sont les suivans, et sont ainsi

stratifiés : poudingue tertiaire, calcaire d'eau
douce, grès vert avec calcaire. Ces montagnes,
véritables terrasses inférieures du grand système
des Alpes, peuvent être considérées comme con-
stituant les dernières couches de ces monts gigan-
tesques dont les sommets, aussi vieux que notre
globe, datent de l'époque de la première création.
Des masses calcaires, fort variables par leur figure,
forment les montagnes situées au nord-est et au
sud-est. Tantôt coupées à pic, tantôt taillées en
pain de sucre, parfois leurs sommets menaçans
ressemblent aux vieilles ruines d'une imposante
construction; partout des fractures très irrégulières et des coupes très pittoresques. Là ces roches
dépourvues de poudingue sont nues et arides, et
rappellent le sol sec et pierreux de l'Attique. Cependant dans les fentes de ces rochers on voit
croître le cystus, lédon et laurifolius. A peu
de distance le calcaire est recouvert du poudingue
tertiaire et de terre végétale, qui elle même
s'interpose dans les sinus des rochers; aussi ces
collines sont-elles peuplées de chênes verts à ker-
mès, de chnées verts à feuilles de houx. C'est sur
ces montagnes que l'on trouve une grande quantité de truffes; elles se développent sous l'ombrage
des chênes, et sur la terre qu'elles occupent il ne
croît aucune espèce de plantes. Enfin l'hyssope,
les lavandes, le thym, le romarin et une foule
d'autres labiées surgissent de tous côtés et embau-
ment l'atmosphère de leurs parfums aromatiques.

Les collines du nord-ouest et du sud-ouest ren-

ferment aussi des pierres calcaires, mais recouvertes
entièrement par de la terre végétale. Cependant
le village de Gréoux, situé sur le penchant de ces
collines, est bâti sur le calcaire, et le château qui
domine le village repose sur du poudingue tertiaire. Quelques autres sont uniquement formés
de terrains tertiaires, tels que du grès menu ou
grossier et des couches argileuses. L'ensemble de
ces collines constitue un vaste plateau dont la con-
tinuité s'étend au nord jusqu'aux plaines de Valensole.

Tantôt des forêts de noyers, d'amandiers, de
chênes blancs recouvrent cette contrée ; sur ces
derniers arbres on recueille souvent de l'agaric.
Tantôt le genêt d'Espagne occupe une vaste étendue et répand au loin son odeur douce et suave.
Le penchant de ces collines, tourné au midi, regarde le bassin de Gréoux et s'incline par une
pente insensible; ce qui, joint à l'inclinaison naturelle du sol du bassin, fait paraître ces collines
beaucoup moins élevées qu'elles ne le sont effec-
tivement. Là l'olivier, la vigne et le figuier ont
une admirable vigueur, et font la principale richesse du pays.

Comme on le voit, le sol du bassin de Gréoux
est fortement incliné vers l'équateur, circonstance
qui, en lui permettant de recevoir les rayons du
soleil d'une manière plus directe, influe, comme
nous le dirons plus bas, sur la température. Maintenant, pour bien apprécier la composition de ce
terrain, il est essentiel que nous nous livrions à

quelques considérations. Les Alpes sont, comme
on le sait, le berceau de la plupart des fleuves qui
arrosent l'Europe. Les rivières qui serpentent dans
la Provence y prennent à plus forte raison leur
source. Enfin c'est de leur sommet que naissent
des torrens accidentels qui viennent furieux dans
nos vallées déposer les débris dont ils se sont
chargés. Paraîtrait-il surprenant, dès-lors, que je
considérasse le terrain du bassin de Gréoux, qui a
a été traversé en tous sens par les eaux du Verdon,
comme formé de terrains granitiques primitifs, de
schistes micacés plus ou moins mélangés de parties
calcaires? Saussure ne considère pas autrement la
terre de plusieurs vallées du Piémont. D'ailleurs
ce qui vient corroborer mon opinion, c'est que la
Durance, le Verdon, bien qu'entraînant une quantité plus considérable de cailloux calcaires, roulent aussi du granit, du porphyre, du quartz et
autres roches semblables.

Je ne connais point les richesses que peut fournir Gréoux à la minéralogie; mais sur d'autres
points du département on a trouvé des mines de
fer, de plomb, de soufre, de cuivre, et du sulfure
d'or et d'argent. Il y a près Manosque et Forcal-
quier des fosses de charbon de terre. Près de Sisteron, la vallée de Vitralle est remplie de blocs de
granit de différentes couleurs: « Le plus singulier,
« dit Malte-Brun, est jaune et vert, avec une base
« très cristalline, mêlée de quartz. » On a trouvé
dans ce département du jayet et de l'ambre jaune.

La végétation est ici des plus actives. Le ter-

rain du bassin de Gréoux attire toute l'attention
du cultivateur, aussi est-il un jardin perpétuel.
Parmi les arbres productifs, les amandiers, les fi-
guiers, les mûriers, les mûriers d'Espagne, l'olivier y croissent avec profusion. D'autres, tels que
le micocoulier et l'acacia d'Afrique, le cyprès,
le platane, le laurier-rose, l'azerolier, le jasmin,
le grenadier embellissent cette riante contrée. Les
fruits, tels que melons, pastèques, pêches, pru-
gnons, prunes, figues, jujubes, câpres, grenades,
pistaches, etc., y sont aussi abondans que délicieux. Enfin, parmi les plantes médicinales, la
digitale, la jusquiame, le safran, la morelle,
la pomme épineuse, le nerprun, la rose de Provence y sont très multipliés.

La nature a privilégié Gréoux; une rivière coule
sur son territoire et le traverse du nord-est au
sud-ouest. Le Verdon prend sa source au haut du
département des Basses-Alpes, dans l'arrondissement de Barcelonette. Il serpente dans la Provence
et sert long-temps de limite naturelle aux départe-
mens du Var et des Basses-Alpes. Le cours du
Verdon est des plus remarquables; encaissé entre
des rochers taillés à pic, on le voit roulant ses
ondes dans des abîmes parfois effrayans. Son long
trajet sur ces roches conserve à ses eaux une
limpidité admirable et la teinte verdoyante d'où il
tire son nom. Arrivé sur le territoire de Gréoux,
il sort de son étroite demeure, s'étend et coule en
zig-zag dans le bassin de Gréoux. Son lit naturel paraît être ici au pied des montagnes du sud; du

moins l'inclinaison du sol vers le midi semble l'indiquer. Il paraît même que des fortifications seules l'ont éloigné de cette primitive situation. Cette circonstance a permis au terrain qu'il a abandonné de se couvrir d'une infinité de peupliers, de saules, de joncs et d'autres végétaux qui constituent une forêt impénétrable, demeure habituelle et privilégiée d'une multitude de lapins, de canards, de bécasses et autres gibiers. Une digue qui dirigera son cours vient d'être construite, et cette rivière reprendra ainsi son lit primitif. Enfin le Verdon ne contribue pas peu, par les irrigations auxquelles il sert, à fertiliser et à assainir ce joli pays. Ses eaux, après avoir parcouru le bassin de Gréoux, s'écoulent par la vallée située au sud-ouest ; là elles roulent sur un sol mouvant et sablonneux, aussi perdent-elles leur limpidité avant de se jeter dans la Durance.

Plusieurs sources d'eau pure et potable surgissent du territoire même de Gréoux ; le village a néanmoins l'inconvénient de n'en posséder qu'une seule, et qui pendant l'été se tarit presque constamment. Elles coulent, pour la plupart, dans la direction de la vallée. Les principales viennent du nord du quartier de Lavalle ; l'une d'elles, très considérable, ne tarde pas à donner naissance à un ruisseau dont les eaux cristallines embellissent et alimentent les prairies qu'elles parcourent. Les chaleurs de l'été font souvent baisser ces sources ; mais lorsqu'arrivent les pluies d'automne et l'air

frais de l'hiver, elles recouvrent leur primitive vigueur.

La source des eaux thermales sulfureuses est au
nord-est du bassin de Gréoux, au pied d'une col-
line qui sépare la vallée qui conduit à Valensole
de celle qui se dirige vers le petit village de Saint-
Martin et Riez. La véritable origine de cette source
est inconnue; ses eaux bouillonnent dans un puits
de construction romaine, et se portent ensuite
dans divers canaux pour les besoins de l'établissement. Des médecins, des savans, ont établi différentes hypothèses sur la source primordiale de
ces eaux. Les uns la supposent fort éloignée de l'é-
tablissement; d'autres pensent qu'elle s'élève du
fond même du puits, et que l'eau suit ainsi le mode
d'ascension propre aux puits artésiens. Cette idée
ingénieuse me paraît s'approcher le plus de la
vérité; en effet, si nous considérons géologique-
ment les eaux minérales, nous serons conduits à
admettre qu'elles suivent le même mécanisme que
les autres sources, seulement qu'elles parcourent
la longueur d'un siphon dont le sinus rentrant est
à une profondeur considérable, et il est probable
que là les eaux s'imprègnent du calorique et des
substances salines qui les composent. Ainsi nous
sommes amenés à croire que, la filtration des eaux
s'effectuant à un point quelconque des Alpes,
celles-ci descendent jusque sous les dernières couches de ces montagnes; que peut-être elles pénè-
trent dans le globe à des profondeurs plus grandes

encore, et que de là elles remontent plus ou moins perpendiculairement. Ce qui vient donner appui à cette manière de voir, c'est que la source des eaux de Gréoux vient sourdre sous les couches inférieures du système alpien, et que, malgré la sécheresse qu'éprouve ce pays, jamais la quantité de l'eau minérale n'a paru altérée. N'est-ce pas là une circonstance qui affirme son immense profondeur ?

Quant au bouillonnement, il n'est dû qu'à des bulles considérables de gaz hydrogène sulfuré qui se dégagent du fond du puits. Il se répand une très grande quantité de vapeur d'eau, laquelle se condense sur les murs de l'établissement ou dans l'atmosphère ambiante. La température de l'eau est à 31 degrés, th. Réau.; l'analyse a fourni à M. Laurens, professeur de chimie à l'Ecole de médecine de Marseille, le résultat suivant.

	Gaz hydrogène sulfuré.	14 pouces cubes.
	Gaz acide carbonique..	19 pouces cubes.
Pour	Muriate de soude......	5 gros 3 grains.
12 livres	Muriate de magnésie...	21 grains.
d'eau.	Sulfate de chaux......	20 grains.
	Carbonate de chaux...	36 grains.
	Barcgine............	1 gros 8 grains.

L'antiquité a connu et apprécié les eaux de Gréoux. Le puits que nous avons désigné, d'autres traces de constructions romaines, les débris d'un temple, des tombeaux, des urnes, des lacrymatoires, des médailles enfouies, prouvent que les

Romains s'y étaient arrêtés. Il n'est même point douteux que leur amour pour la Gaule-Narbonnaise, leur première conquête et leur plus ancienne province, ne les porta à préférer ces eaux à celles qui étaient situées sous un ciel trop différent de celui d'Italie. D'ailleurs les Romains ont adressé, pour me servir de l'expression de Bordeu, leur *ex voto* aux eaux de Gréoux. C'est ainsi que l'on trouve sur les fragmens d'une pierre calcaire l'inscription suivante : ELIA FAUSTINA, TITII VITRASII POLLIONIS CONSULIS II, PRÆTORIS II, IMPERATORIS PONTIFICIS ASIÆ UXOR, NYMPHIS GRISELICIS. La prospérité des eaux de Gréoux tomba avec la gloire des Romains : les conquérans de l'univers fléchissaient sous les barbares du Nord; et lorsque ceux-ci se répandirent dans les Gaules, elles demeurèrent dans un obscur oubli. Vers les XIe et XIIe siècles, alors que les guerres des Croisades avaient conduit nos armées en Palestine, elles rapportèrent de ces contrées orientales la coutume de se baigner. Gréoux, sous la dépendance seigneuriale des Templiers, reprit sa célébrité, et l'hospice que ceux-ci y firent construire recevait de toutes parts des malades. Mais des guerres civiles s'allumèrent dans la province, et des ennemis ignorans détruisirent de fond en comble cet utile établissement. Aujourd'hui, grâces aux soins de M. Gravier, ces bains jouissent d'une moderne splendeur. Le concours des personnes qui viennent y chercher la guérison de leurs maux est nombreux : des savans, des littérateurs arrivent s'y délasser des fatigues du cabinet ou y déposer leurs souffrances; aussi voit-on un poète exprimer ainsi sa gratitude :

Quam nequeunt artes, facilem de fonte perenni
Griselides Nymphæ gaudent afferre salutem.

Brachia mi deerant, en mi nova brachia surgunt!
Accipe, Nympha, pias tanto pro munere grates.

Aperçu zoologique. En jetant un coup d'œil sur les animaux de ce pays, nous devons nous arrêter d'abord sur ceux qui vivent en domesticité. Les chevaux sont pour l'ordinaire petits; leurs formes ne sont point élégantes, mais bien proportionnées. Ils sont d'ailleurs endurcis à la fatigue et pleins d'ardeur et de courage. Les mules, les mulets sont très utiles dans cette contrée, leur sobriété surtout les rend précieux. Le bœuf ne sert guère qu'au labourage; nos boucheries fournissent du mouton, de l'agneau et de jeunes chevreaux. Ce n'est que pendant l'hiver que les habitans mangent du bœuf, encore est-il de qualité bien inférieure à celui des provinces du nord. En compensation, le mouton est excellent: d'une espèce fort petite, ces animaux, revêtus d'une laine peu précieuse, paissent sur les montagnes, s'y nourrissent de plantes aromatiques; aussi leurs chairs tendres sont-elles d'un goût fort délicat.

Tous ces animaux jouissent ordinairement de la meilleure santé. Cependant lorsque les chaleurs de l'été sont excessives, et qu'on les soumet à une fatigue prolongée, on a vu des chevaux, des mulets succomber à des phlegmasies profondes. Les bœufs, les moutons sont quelquefois foudroyés par la pustule maligne. Les chevaux, les mulets sont fréquemment affectés de l'*avant-cœur*, sorte de phlegmon gangreneux qui occupe le poitrail. Les larges incisions, les cautérisations avec le feu agissent puissamment dans cette maladie. Enfin tous ces animaux sont rarement affectés de phthisie ou d'autres maladies chroniques : le farcin n'infecte peut-être jamais les chevaux de cette contrée.

Maintenant occupons-nous des animaux qui vivent à l'état sauvage, et qui se répandent dans nos campagnes ou nos forêts. Le loup est le seul animal redoutable que l'on rencontre parfois. On le voit pendant l'hiver, lorsqu'il déserte les montagnes du nord couvertes de neiges. Les renards, la martre, le blaireau, la fouine s'y rencontrent fréquemment. Les lièvres, les lapins et une foule de mammifères inférieurs, y sont très nombreux. Parmi les oiseaux, l'aigle, le hibou, le faucon, la chouette et d'autres oiseaux de proie diurnes et nocturnes, y habitent aussi. Enfin la perdrix rouge, la grise, les merles, diverses espèces de grives, la huppe, le coucou, le geai, les loriots, les gros-becs, le chardonneret, le rossignol, la linote, les becs-croisés, l'hirondelle et une nuée de becs-fins, de sylvies, d'alouettes, sont propres au climat de cette contrée.

Parmi les poissons que fournit le Verdon, la truite, les anguilles sont les plus remarquables ; les cabèdes y sont fort nombreux. Des crustacés, l'écrevisse mérite seule de fixer notre attention; elle habite les divers ruisseaux qui serpentent dans les prairies.

Cette partie de la Provence, comme tout le midi de la France, est très riche en insectes. On trouve des espèces nombreuses et variées de coléoptères ; ainsi les cantharides, les méloès se rencontrent sur plusieurs végétaux. Les vieux murs , les fentes des rochers sont l'abri de papillons nocturnes fort remarquables ; toutefois les espèces diurnes paraissent y être plus belles et plus riches. La chaleur, comme on le sait, influe considérablement sur le brillant de leur manteau. Enfin les mouches , les cigales, les grillons y forment des essaims.

Les abeilles attirent les soins des agronomes et fournissent au pays un miel délicieux. S'il n'approche de celui du mont Hymète, ni de celui du mont Hybla en Sicile, du moins est-il certain que , comme celui de Crète, de Minorque et de Narbonne, il est aromatisé par l'odeur suave du romarin et de la lavande. D'après la brillante végétation du pays, on conçoit qu'il n'en peut être autrement; car si le miel de Bretagne est brun et d'un goût désagréable, c'est à la culture du sarrazin qu'on doit l'attribuer. Ainsi Dioscoride regarde l'amertume du miel de Sardaigne comme dû à l'absinthe que produit ce pays. Pline ne voit pareillement dans celui de Corse que l'amertume des fleurs du buis où se reposent les abeilles. Il paraîtrait même que les abeilles se chargent du

principe vénéneux de certaines fleurs; Xénophon
nous l'affirme lorsqu'il dit que les soldats de l'armée des *Dix Mille* éprouvèrent des symptômes
d'empoisonnement après avoir mangé du miel
dans la Colchide.

Enfin, pour terminer ces considérations zoo-
logiques, ajoutons seulement que quelques individus de l'ordre des limaçons sont les seuls mol-
lusques qu'on trouve dans ce pays. Parmi les
annelides, il n'y a que diverses espèces de sang-
sues.

Sur l'homme. Pour compléter notre histoire
topographique, nous indiquerons en passant la
construction des habitations dans ce pays; j'ai cru
devoir la réserver au chapitre de l'homme. Le village de Gréoux, comme nous l'avons déjà dit, est
situé sur le penchant des collines qui regardent
le sud-est, et renferme douze cents habitans. Les
maisons sont assez pauvrement construites; toutefois, comme celles d'Italie, leur toit est à peine
incliné et recouvert de tuiles : elles se trouvent
ordinairement très bien percées par des fenêtres
qui laissent à l'air un libre accès. Comme on le
voit, le village de Gréoux regarde l'orient et reçoit les premiers rayons que le soleil jette sur
l'horizon. Hippocrate s'écrie (*de Aere, Locis et
Aquis*) au sujet des pays ainsi situés : « Le
« froid et le chaud y sont tempérés; les eaux, que
« frappent les rayons du soleil, sont limpides,
« agréables à l'odorat, molles et bienfaisantes :
« car l'action de cet astre, surtout à l'heure de son

« lever, les épure et les corrige ; et l'air, sur lequel
« la lumière matinale agit avec plus de force, s'y
« trouve en quelque sorte pénétré des principes
« vivifians qu'elle verse en abondance dans l'at-
« mosphère.» Dans une telle ville, dit encore le père
de la médecine : « Il ne naît dans son sein que peu
de maladies. » Si la vérité est immuable, si elle
peut traverser des siècles et se montrer toujours
plus éclatante, qu'avons-nous à ajouter à ce que
nous transmet Hippocrate? Poursuivons seulement nos observations, et justifions ainsi les lumi-
neuses pensées du vieillard de Cos.

L'établissement des eaux se trouve à deux cents
pas et environ soixante-dix pieds au-dessous du
niveau du village. Cet établissement, très vaste et
fort commodément bâti, vient d'être restauré
par les soins philanthropiques de M. Gravier. Le
luxe s'y étale même : des appartemens bien déco-
rés, des jardins spacieux embellis par la plus brillante végétation ; de nombreuses allées de pla-
tanes en ombragent les avenues : enfin, plus loin ,
des jardins anglais ornés de divers arbustes odo-
rans font de ces thermes un séjour délicieux. Mais
ce qui a particulièrement fixé l'attention de
M. Gravier, ce sont les bains. Connaissant les pré-
cieuses qualités médicinales de ces eaux, il a
voulu joindre l'agréable à l'utile; aussi tous les
bains sont en marbre: on en trouve même de fort
élégans qui ont été construits pour des princesses
qui ont visité ces thermes. Des douches, des étu-
ves diversement disposées fournissent un puis-

sant secours à la thérapeutique de plusieurs maladies chroniques.

Les habitans de Gréoux, comme les Provençaux en général, sont heureusement constitués ;
d'une taille moyenne, mais puissamment mus-
clés, ils jouissent d'une vigoureuse énergie. Ceux
qui constamment exposés aux ardeurs solaires se
livrent aux travaux pénibles des champs sont
d'une constitution sèche ; leur ventre n'est jamais
proéminent, et leurs muscles peu charnus se
dessinent sur leur peau colorée par l'action constante du soleil. Cette particularité rappelle les
habitans des zones brûlantes. Il en est d'autres
qui, retenus par leurs travaux sédentaires ou leur
aisance sous le toit du village, présentent dans
leur jeunesse les plus heureuses formes. Parmi
les femmes on rencontre des types qui rappellent l'Italienne ou la Grecque. Des cheveux, des
sourcils noirs, des yeux larges et fortement ovales
animent singulièrement ces physionomies déjà
attrayantes par le teint vermeil d'une brillante
santé. Il est très rare de voir des formes lourdes
et des individus obèses ; à peine trouve-t-on quelques sujets qui, engourdis par une molle paresse,
ne prennent point un exercice nécessaire et s'alimentent de viandes et de fruits toujours choisis et
succulens. Hippocrate, dans son même traité,
nous éclaire encore ici : « Les pays chauds et secs,
« dit-il, fournissent des constitutions vigoureuses
« et sèches; l'humidité de la Scythie produit des
« hommes lourds, gros et épais. »

La plupart des habitans de Gréoux portent le cachet du tempérament bilieux. Leur teint brun, leurs cheveux noirs, leur irascibilité commune aux Provençaux en sont des preuves certaines. Le système nerveux acquiert souvent aussi une grande prédominance, ou vient par une action concordante modifier· l'activité des organes biliaires. Ainsi le développement et la finesse des sens ; la peau qui, arrosée de sucs vivifians et riche en papilles nerveuses, devient le foyer d'une exquise sensibilité, tout cela annonce l'extrème vitalité des organes de l'inénervation. Quant à la peau, comment ne jouirait-elle pas de cette activité organique? c'est elle qui reçoit sans cesse et le plus directement les timulus que communiquent la chaleur et la lumière; la sécheresse atmosphérique excite l'exhalation cutanée : aussi les canaux sudorifères, par leur action constante, donnent à la peau une habituelle moiteur. Les cryptes sébacées partagent cette énergie, et répandent abondamment leur humeur huileuse. On conçoit facilement combien un tel mouvement physiologique serait favorable à une foule de maladies chroniques! Cette dissipation des humeurs à l'extérieur diminue en proportion l'action sécrétoire des glandes intérieures; ainsi la salive, le lait, l'urine et les menstrues sont en moins grande quantité, quoique plus chargés de leurs principes: le sperme et la bile doivent en être exceptés, ils sont plus abondans sous un ciel serein et chaud. Ce fait justifierait-il l'opinion de Bordeu, qui appelait tempé-

rament spermatique une constitution atrabilaire?
Toutefois il est beaucoup d'individus chez qui on
ne pourrait déterminer à *fortiori* quelle est l'action
organique prédominante. Toutes les fonctions
s'exécutent avec une admirable vigueur, tous les
organes se meuvent avec aisance et liberté ; rien
ne les contrarie dans leurs louables impulsions.
Cabanis (*Rapport du physique et du moral*) dit
en parlant d'une aussi favorable constitution :
« Les climats tempérés, les terrains coupés de
« coteaux, arrosés d'eaux vives, couverts de vigno-
« bles et d'arbres à fruits, et dont le sol tout à
« la fois fertile et léger est naturellement revêtu
« de verdure et de doux ombrages, sont les plus
« propres à développer le tempérament heureux
« dont nous parlons. » D'après ce que nous avons
déjà dit du sol, des productions de Gréoux, ne
semble-t-il pas que Cabanis ait eu en vue, en
écrivant ce passage, les habitans de ce pays ?

Enfin leur crâne paraît être dans les plus justes
proportions. Le développement antérieur des
lobes cérébraux est un fidèle témoignage de l'intelligence dont ils jouissent. Quelques observations phrénologiques que j'ai eu occasion de faire
m'ont montré que les organes de la poésie, de la
fermeté et des sentimens affectueux avaient un
grand développement. Cette organisation, jointe
à l'excès de vitalité que possède tout entière la
masse cérébrale chez la plupart des Méridionaux,
exagère bien évidemment toutes les sensations et
les idées, et leur donne un amour pour le mer-

veilleux et les prodiges; ils ne voient rien avec
froideur, ils chérissent avec excès et détestent de
même. Toutefois j'ai pu me convaincre que l'éducation morale influait infiniment sur ces organi-
sations primordiales.

Ce qui est remarquable chez les habitans de ce
pays, ce sont les arcades dentaires. Les dents sont
belles et revêtues d'un brillant émail; souvent
arrivés à la plus débile vieillesse ils les conservent
toutes encore : bien qu'on pût à ce sujet les accu-
ser de négligence, par une heureuse action vitale
on ne trouve point de couches épaisses de tartre
comme on le voit chez les habitans de pays bas et
humides et chez des sujets scrofuleux.

Les accouchemens n'y sont point laborieux, à
peine la future mère réclame le secours d'une
femme étrangère à l'art des accouchemens. Ceci
s'accorde avec l'opinion d'Hippocrate, que les
nouvelles observations des médecins modernes
confirment tous les jours. Ainsi il est bien constaté
que dans les pays du Nord, en Laponie surtout,
les accouchemens sont fort pénibles et très laborieux. L'enfance n'est point orageuse; le nour-
risson, puisant son alimentation dans une mère
forte et robuste, surmonte facilement les obstacles
que la nature oppose à son développement. On
observe cependant que lorsque l'époque de la
dentition arrive pendant les chaleurs de l'été, le
stimulus vital se distribuant inégalement dans
leur naissant organisme occasione les plus graves accidens. Les gencives se tuméfient, on croi-

rait au premier coup-d'œil que toutes les dents
vont faire irruption à la fois; on est tenté de
remercier la nature de ses bienveillantes inten-
tions : mais, funestes effets! au moment où elle est
occupée avec tant d'activité aux organes dentaires,
l'estomac, les intestins sont en souffrance ; une
fièvre lente , le dévoiement surviennent, et l'enfant
succombe dans la prostration et le marasme.

La dentition achevée , l'enfant marche avec vigueur vers la puberté; presque jamais il n'est
arrêté dans cette période de la vie par des engorgemens scrofuleux, par des accidens rachitiques
qui s'observent si fréquemment dans le Nord.
Il arrive, sans s'en apercevoir, à l'âge de treize
ans, époque où la puberté lui donne un surcroît
de force et de vie. La jeune fille est souvent nubile
dès sa onzième année, et conserve sa fécondité
jusqu'à la cinquantaine. On appréciera d'autant
mieux cette favorable influence du climat si l'on se
rappelle la jeune Russe qui , quoique élevée
comme une plante au milieu d'une serre, ne peut,
avec les fourrures et la chaleur artificielle qui
l'entourent , jouir aussitôt des avantages de la fécondité.

Il semblerait de prime-abord que sous un ciel
aussi pur, sous ce soleil chaud les ressorts de l'organisme étant plus excités, l'usure arrivât plus
vite et la mort fût prématurée. Rien cependant ne
serait favorable à une pareille opinion ; car, quoiqu'il soit vrai que Gréoux n'ait aucun centenaire,
il est certain du moins que plusieurs dépassent

quatre-vingts années : et ce qui est remarquable,
c'est que la plupart ont une rare vigueur ; on les
voit faire plusieurs lieues à pied et conserver
toute leur intelligence.

Du régime. « Le climat influe de deux manières
sur le régime : 1° par la nature ou le caractère des
alimens qu'il fournit; 2° par le genre des habitudes qu'il fait naître. *Alibi*, quand les circonstances locales sont assez puissantes pour modifier
les caractères des végétaux et des fruits, on est
très sûr qu'aucune nature vivante n'échappe à
leur action (*Cabanis*, *ouv. cit.*).» Il est facile, en
effet, de remarquer que les productions variées
et succulentes de ce pays sont la source d'où
émanent les goûts, les penchans et les mœurs des
habitans. Leurs besoins organiques, appropriés
d'ailleurs à la nature des alimens que fournit
même le sol, ne fait point naître chez eux des
vues ambitieuses. Bien différens des montagnards
de Savoie qui vont chercher sous un climat plus
fortuné une meilleure condition, ceux-ci ne forment d'autres vœux que de demeurer sous le ciel
qui les a vus naître ; presque tous agriculteurs, ils
demandent à la terre ce bonheur dont ont joui
leurs pères : puisant dans leurs travaux habituels
et leur vigueur et leur aisance , ils chérissent leur
condition ; aussi entend-on à chaque pas le chant
joyeux du laboureur , du vigneron, s'accorder
par une admirable sympathie avec la douce gaîté
des oiseaux qui peuplent les campagnes.

La bénignité et la courte durée de l'hiver ne les

3

portent point à faire d'abondantes provisions. Ja -
mais retenus sous leurs toits par les intempéries
atmosphériques, ils n'ont point besoin de ces viandes fumées et salées qui alimentent les habitans
du Nord. Leur organisation se refuse d'ailleurs à
une nourriture trop animalisée; les végétaux succulens, les vins généreux dont ils s'alimentent suffisent à leurs goûts naturels et à leurs besoins. L'a-
mour, la pêche et la chasse font à la fois et leur
délassement et leur passion. On conçoit en effet
que la brillante végétation du pays, fournissant
d'excellent gibier, excite un penchant aussi agréable que salutaire.

Quant à l'amour, ils s'y livrent avec une ardeur
peu commune; et il est peu de pays en Provence
dans lesquels cette attrayante passion exerce autant
d'empire. Comment en serait-il autrement? dirigés par un système nerveux, actif et excitable;
doués d'une organisation heureuse que le climat,
les productions, le sol stimulent sans cesse, tout
les y porte et les y entraîne. Ce que dit M. Virey
(*Dict. des Sciences méd.*) sur les climats tempérés
s'applique ici avec quelque justesse : « L'amour
exempt de la froideur, de l'indifférence septen-
trionale et de la frénétique jalousie des Orien-
taux semble ne promettre que des plaisirs. Les
belles formes, les grâces du corps et celles de l'esprit, fruits heureux d'un doux climat, tout dispose à cette passion; mais aussi tout porte à la
rendre souvent inconstante, à cause de la multiplicité des objets capables de l'exciter. »

Je ne sais jusqu'à quel point peut être appréciée
l'humeur guerrière des habitans de Gréoux. S'il
fallait en juger par leur amour pour le sol qui les
a vus naître, je serais porté à croire que, comme
les peuples qui habitent les campagnes où se pro-
mènent le Pô, l'Euphrate, le Gange, la Plata,
ils détestent les fureurs de la guerre. D'un autre
côté il est permis de se demander si, comme les
peuples du Caucase et de l'Immaüs, que Mithri-
date opposa si souvent aux Romains; ceux des
monts de Macédoine, qui conquirent l'univers sous
Alexandre; les Druses et les Maronites du Liban,
qui ont conservé leur indépendance sous le climat de la servitude : si, comme tous ces montagnards, dis-je, ils ne seraient pas capables de
brillans exploits ou d'une active résistance.

Leurs maladies. Gréoux ne renferme que fort
peu de maladies chroniques, à peine trouve-t-on
un phthisique de loin en loin; je n'y connais aucun
scrofuleux. M. Jouvens, qui pratique avec succès
dans ce pays, et M. le docteur Doux, dont les lumières sont si utiles aux habitans pendant son
court séjour, m'ont dit plusieurs fois qu'on ne rencontrait pour ainsi dire que des péripneumonies ou
des pleurésies. Il y a plusieurs années cependant
qu'il y régna une épidémie de fièvres intermittentes. Buret (*Journal de Médecine militaire*) rapporte que les eaux sulfureuses se montrèrent très
efficaces pour ces fièvres. Pendant l'été de 1832 on
en a observé aussi quelques nouveaux cas, mais
ceci dépendait de la construction d'une digue qui

avait rendu stagnante une petite portion des eaux du Verdon. Enfin, il est rare qu'une affection endémique y exerce des ravages.

Du climat. Nous avons déjà traité en partie cette question en parlant du sol, des productions, et des animaux; il nous reste à considérer la température, l'air et ses propriétés. Il n'est point besoin d'annoncer ici que ce que nous allons dire sur la chaleur ne peut être entendu que par rapport aux autres pays de France : si l'on étendait plus loin la comparaison, elle manquerait de justesse; car l'habitant du Sénégal trouverait notre température moyenne un hiver rigoureux, et le Samoïède y mourrait de chaleur. Nous avons déjà montré, en parlant en général de la Provence, que l'élévation du sol détermine des différences dans la température. Cependant, comme cette élévation ne commence à être sensible que depuis les pays situés au sud du département des Basses-Alpes, les expériences thermométriques depuis Marseille jusqu'à Manosque ont donné les résultats suivans; je les emprunte à Malte-Brun, qui les a consignés dans son Aperçu climatologique.

Th. Réau.	Marseille.	Temp. moy.	11. 8.
	Aix.	Temp. moy.	11.
	Manosque.	Temp. moy.	11. 2.

D'après cette uniformité de température, il est facile de voir que les pays situés dans un certain rayon jouissent d'une chaleur analogue; que même Manosque, évidemment au nord d'Aix, est cependant un peu plus chaude que cette ville qui se trouve à découvert et en butte aux agitations atmosphériques. Si maintenant nous considérons que Gréoux est au sud de Manosque; si nous ajoutons à cela l'inclinaison du terrain vers l'équateur; si de plus nous faisons attention que son sol est calcaire, mauvais conducteur du calorique; que plusieurs roches arides réfléchissent la chaleur et la lumière; enfin si nous remarquons que c'est à leur sol calcaire et sablonneux que l'Egypte, l'Arabie et surtout le Sénégal doivent une partie de leur chaleur; si, encore, nous apprécions la disposition des montagnes qui l'abritent des vents impétueux, je crois que nous atteindrons à peine la vérité en affectant à Gréoux les expériences thermométriques faites à Marseille et autres pays de la Provence méridionale. Je prends ceci dans le Tableau des bandes isothermes de M. de Humboldt.

Th. cent.	Temp. moy. de l'année.	Temp. moy. du mois le plus chaud.	Temp moy. du mois le plus froid.
	15°	23 7.	6. 9.

Je ne craindrais pas d'atteindre l'exagération en disant que tout a favorisé Gréoux. Les collines qui l'entourent et le protégent de toutes parts n'empêchent nullement le libre accès des rayons solaires; en effet, à peine l'aurore s'annonce à la Provence que la partie d'ouest de ce bassin se trouve dorée par ses rayons naissans. L'établissement de Gréoux, d'abord légèrement effleuré par les émanations solaires, est bientôt après sous leur influence directe. On peut même dire que lorsque le soleil

abandonne l'horizon, l'établissement des eaux est
la portion du bassin qui reçoit les derniers reflets
du crépuscule. Croirait-on que la chaleur y soit
excessive? Ce qui a fait dire à Madame de Staël qu'on
voyait le froid en Russie et qu'on le sentait en Italie, devrait m'engager à en dire autant ici de la
chaleur par rapport à celle des autres pays, car
l'établissement est si bien disposé que l'air peut
librement y circuler de toutes parts. Les arbres
nombreux et élevés qui l'entourent, tout en le
protégeant de l'incommodité directe de la chaleur,
rendent l'air plus pur et plus suave en y répandant
une proportion considérable d'oxigène; aussi voit-
on la plupart des personnes qui l'habitent préférer
l'abri de ces arbres magnifiques aux salons les plus
agréables et les mieux disposés.

Des vents. Ce qui rend encore la chaleur moins
fatigante, ce sont de légères agitations atmosphériques; pendant les journées les plus chaudes règnent des vents souvent à peine appréciables,
mais qui, en agitant doucement l'air, ne laissent
pas de le rafraîchir agréablement. Ces vents viennent de l'est et paraissent se diriger en sens contraire du mouvement d'occident en orient qu'exé-
cute notre planète. Le plus ordinairement les
chaînes des petites montagnes qui croisent en divers sens toute la contrée empêchent le vent du
nord-ouest de pénétrer jusque dans le bassin de
Gréoux. D'autrefois, seulement, amorti dans les
sinus variés que forment entre elles ces montagnes, il arrive considérablement affaibli, et n'est

peut-être plus qu'un bienfait hygiénique. Lorsque l'atmosphère est à peine raffraîchie à Gréoux, on voit les habitans d'Arles, de Marseille, de Toulon, ne pouvoir point quitter leurs demeures. Je me rappelle être parti pendant le mois d'avril de Valensole pour me rendre à Marseille, la température était douce et agréable; mais en approchant d'Aix le vent du nord-ouest se fit sentir avec une telle violence, que nous avions peine à nous garantir de l'impression du froid. Ce vent ravageait depuis plusieurs jours la côte maritime et à Valensole, à Gréoux, on ignorait complètement son existence. Ce que je dis du vent du nord, s'applique avec quelque justesse à celui du sud; bien souvent il ne nous est annoncé que par la direction seule des nuages.

De l'électricité atmosphérique. Les orages surviennent en Provence, comme en Italie et en Espagne, pendant l'été et surtout l'automne. On conçoit en effet qu'alors l'atmosphère étant depuis long-temps sèche, et par conséquent très isolante, a dû devenir fort électrique. Si alors le ciel vient à se couvrir de nuages, ceux-ci s'imprègnent de l'électricité; souvent ces nuages se trouvent par rapport au globe dans une différence électrique très remarquable. Si dans cet état ils s'approchent de quelques hautes montagnes, l'électricité tend à se combiner et le tonnerre éclate; aussi est-il fréquent de voir le sommet des montagnes du nord de la Provence déchiré et noirci par la foudre. Dans la Provence méridionale, et à Gréoux ,

les choses se présentent un peu différemment;
c'est entre les nuées que la scène se passe : il paraît que la nuée se décharge sur celles qui sont
moins électrisées , et quelques orages se bornent
à ces détonations où les nuages semblent seulement s'équilibrer les uns aux autres.

Du serein. On sait que le serein est une pluie
fine qui tombe sans que l'on aperçoive aucun
nuage au ciel. On sait que plus la température est
élevée, plus l'atmosphère retient de l'eau en dissolution. C'est donc pendant l'été que le serein se
manifeste en Provence; c'est lorsque le soleil
abandonne l'horizon, pendant que la température ambiante s'abaisse au-dessous de la chaleur
nécessaire à la force élastique de la vapeur, que
l'on voit celui-ci tomber en pluie imperceptible.
Quelles que soient les craintes que quelques personnes manifestent pour le serein, je ne pense
pas qu'on puisse hautement lui attribuer de bien
funestes effets; ceci ne serait à craindre que dans
des pays où des eaux croupissantes auraient répandu pendant la journée une exhalaison méphiti-
que : tel est celui des marais Pontins qu'on trouve
en Italie, dont l'action malfaisante l'a fait nom-
mer *aria cattiva.*

Des pluies. Les pluies sont fort rares en Provence ; Gréoux, en particulier, se trouve parfois
désolé par de longues sécheresses : cependant,
lorsque les pluies arrivent, elles sont de courte
durée, mais fort abondantes. On s'en convaincra
facilement si l'on examine les expériences faites à

Marseille avec l'*udomètre*: la moyenne des résultats obtenus a été fixée à quarante-sept centimètres. On est surpris lorsqu'on voit que dans un pays aussi sec, et dont le ciel est habituellement pur et serein, la différence des résultats obtenus à Paris est si peu marquée ; car à Paris la moyenne est de cinquante-six centimètres : on ne peut expliquer ceci que par l'abondance avec laquelle la pluie tombe en Provence ; et on n'a plus lieu de s'en étonner lorsque l'on sait qu'à Gênes, le 25 octobre 1822, une trombe occasiona une pluie de quatre-vingt-deux centimètres.

Des maladies que le climat peut guérir.

D'après tous ces détails, il est facile de remarquer combien la chaleur doit être uniforme et partant salutaire à une foule de maladies. Quels résultats précieux n'obtiendrait-on pas de cette influence climatérique jointe à l'action des eaux thermales dont on peut varier à l'infini l'application! Aujourd'hui, il est hors de doute que dans la plupart des maladies de la peau il est besoin de stimuler vivement cette membrane pour lui donner la vitalité nécessaire à ses .fonctions; aussi voit-on seulement les médicamens actifs réussir dans ces sortes de maladies. La nature elle-même nous a donné des exemples de cette vérité ; on a vu en Provence des paysans affectés de maladies de la peau pendant l'hiver, s'en trouver débarrassés lorsque les chaleurs se faisaient sentir. Dans les

Indes-Orientales, au Brésil, on a fait cette même observation. A Paris, et dans le nord de la France, les affections pustuleuses et vésiculeuses sont très fréquentes : cela tient à l'humidité, qui agit en étiolant en quelque sorte la constitution ; car, observez les individus affectés de ces maladies, ils sont pour la plupart d'un tempérament lymphatique, leurs chairs sont lourdes et molles : leur peau blafarde et sans élasticité semble être le rendez-vous des sucs blancs. Eh bien ! placez ces malades sous des conditions différentes ; activez leur système circulatoire, excitez les fonctions exhalantes de la peau : les artérioles de cette membrane y apporteront un sang plus actif, plus riche peut-être ; alors leur peau se colorera, deviendra plus élastique et plus ferme, et ce surcroît de vie servira le premier à éliminer les productions morbides jusque-là d'une chronicité immuable. Ceci n'est que le résultat de ce qui se passe chaque jour dans nos hôpitaux ; en effet, combien voyons-nous de *melitagra*, d'*herpes furfuraceus*, d'*herpes squammosus madidans*, de *pemphigus*, demeurer sans soulagement pendant les saisons rigoureuses ! au moment où les chaleurs se prononcent, c'est alors seulement qu'avec des moyens appropriés ou peut débarrasser de leurs affligeantes infirmités ces malheureux malades.

Quels précieux avantages ne pourrait-on pas retirer de cette chaleur continue, de l'insolation même, dans ces œdèmes qui se montrent rebelles à une foule de moyens ! Des infiltrations dues à un

vice organique recevraient peut être aussi une
heureuse influence, si la lésion viscérale n'était
point trop avancée et ne menaçait d'une mort
prochaine. Dans ces circonstances l'heureux effet
de l'insolation est manifeste; je n'en citerai pour
exemple qu'un cas que M. Alibert nous a trans-
mis dans ses leçons. Aublet, à qui nous devons
une Flore de la Guiane, est le sujet de cette observation. Après avoir inutilement usé des ressources médicales que lui fournissait Paris, il
alla en Provence, s'y exposa sur le sable brû-
lant aux rayons du soleil, et, sous peu, non seulement l'infiltration considérable dont il était
affecté disparut, mais même ses organes en repre-
nant leur tonicité acquirent cette sèche mais
heureuse vigueur qui caractérise quelques habitans des tropiques, à tel point qu'il était méconnaissable.

Les ressources que peut fournir ce climat à la
thérapeutique des maladies scrofuleuses sont immenses. On conçoit en effet que les pays bas, humides et marécageux étant le berceau de la scro-
fule, ceux dont le ciel est pur, sec et chaud, dont
le sol est couvert de plantes aromatiques et arrosé
d'eaux vives, doivent, par une influence contraire,
présenter les circonstances les plus favorables de
médication; le peu d'individus scrofuleux que fournit le pays m'en est un sûr garant : et ce qui constate évidemment cette influence climatérique c'est
que ceux qui dès leur enfance offrent quelques
phénomènes scrofuleux, tels que les engorgemens

ganglionnaires, s'en trouvent débarrassés lorsque
l'action du climat et l'âge ont déployé chez eux
une activité organique plus grande. Jamais on ne
rencontre ces vastes ulcérations, ces décollemens
de la peau, ces fistules entretenues par la carie
de larges surfaces osseuses ; toutes ces maladies
sont propres au nord de la France. Enfin quels
précieux avantages ne pourra-t-on pas obtenir de
l'insolation pour les engorgemens, pour les tumeurs blanches, les ulcérations scrofuleuses, etc. !
Les applications médicamenteuses locales, telles
que les pommades ioduréesdont l'action paraît être
salutaire dans tous ces cas ; ces pommades, dis-je,
appliquées sur les parties malades au moment de
l'insolation, deviendraient sans doute de la
plus grande utilité. Ce qu'il y a de certain c'est
que, la vitalité organique étant accrue, l'absorption cutanée aurait plus d'énergie et partant le
médicament plus d'action.

Les vastes ulcérations scrofuleuses, qui épuisent
le malade par une longue et abondante suppuration , recevraient particulièrement de ce climat
une modification favorable. Cette considération
découle d'un fait bien reconnu, que dans les pays
chauds, les plaies fournissent une suppuration
louable et marchent avec rapidité vers la cicatri-
sation. Certes, si la chaleur porte ainsi une action
évidente sur les plaies simples, pourquoi ne pas
en attendre un heureux résultat pour celles qui
atoniques n'ont besoin que d'un surcroît de vie ?
D'ailleurs, dans ces cas l'action du climat ne serait

point simplement locale; elle remonterait les ressorts de tout l'organisme, et, en augmentant ainsi
la force de réaction, elle fournirait à la nature les
moyens d'une plus longue lutte, si elle ne pouvait
la rendre victorieuse.

Si nous croyons Hippocrate lorsqu'il nous dit
dans ses aphorismes que « les pays froids sont
l'ennemi des nerfs, » nous serons portés à apprécier le climat de Gréoux pour les maladies nerveuses. Soit le climat, soit les eaux sulfureuses, soit
ces deux agens ensemble, il est certain que des
gastralgies opiniâtres, des douleurs sciatiques et
autres névroses ont obtenu à Gréoux une parfaite
guérison.

Dans là phthisie pulmonaire on voit chaque jour
échouer les médications les mieux entendues et
les plus sagement dirigées ; aussi presque tous les
médecins mettent en première ligne l'action des
climats sur ces maladies. Les bords de la mer, les
pays chauds ont été généralement préférés; il
n'y a guère que des systématiques en délire qui
aient préconisé le séjour dans les pays froids. Mais
l'expérience a infirmé leurs hypothétiques opinions, aujourd'hui universellement abandonnées.
Ne sait-on pas qu'Arétée indique comme moyen
convenable les navigations et l'air des bords de
la mer? Celse conseille les voyages d'Italie et d'É-
gypte. Les médecins anglais recommandaient les
îles Canaries. Depuis long-temps les médecins de
toute l'Europe envoient les phthisiques à Nice ou
à Hyères. On a en outre conseillé les émanations

sulfureuses : c'est ainsi que Galien envoyait ses
malades à Naples ou en Sicile pour y respirer les
vapeurs du Vésuve et de l'Etna. M. Delamure,
savant praticien de Montpellier; Beaumes, avaient
grande confiance aux eaux sulfureuses : M. le
professeur Alibert en a obtenu de précieux effets.
A mon avis, toutes ces circonstances s'accordent
pour rehausser l'importance des eaux de Gréoux;
car elles sont à une petite distance de la mer,
jouissent de la majeure partie des avantages du
climat d'Hyères et de Nice dont elles sont fort rap-
prochées : de plus elles fournissent des eaux sulfureuses qui peuvent être utiles à la thérapeutique
de ces maladies.

Ma tâche s'arrête ici : je dois terminer ces considérations. Ce qui vient d'être dit doit suffire
aux médecins pour prévoir les avantages que
leurs malades trouveront dans ce climat; c'est à
eux d'ailleurs de faire le choix des affections qui
peuvent en recevoir une heureuse influence.
Quant aux propriétés des eaux de Gréoux, il
n'entre point dans mon sujet d'en parler ici; je
renvoie pour cela à tous les traités d'eaux minérales.

RENSEIGNEMENS UTILES

SUR

LES EAUX MINÉRALES

DE GRÉOUX,

PROVENCE (BASSES-ALPES),

HYDRO-SULFUREUSES THERMALES ;

CHALEUR : 31 DEGRÉS, THERMOMÈTRE DE RÉAUMUR.

À 12 lieues de Marseille, 8 d'Aix, 20 de Toulon, 28 de Nimes, 8 de Digne, 2 de Manosque.

————————

Tous les peuples connus ont leurs sources minérales où ils vont puiser la santé. Comment tant de nations différentes de mœurs, de religions, de systèmes et de préjugés peuvent-elles n'avoir qu'une même opinion sur l'efficacité de ce remède ? Ne serait-ce pas la preuve la plus certaine de ses vertus médicinales, s'il n'y en avait une encore plus forte dans le soin avec lequel la Providence a répandu sur tout le globe ces sources bienfaisantes pour la conservation de l'espèce humaine ?

Les Romains, qui avaient étudié le monde en le conquérant, l'avaient couvert d'établissemens thermaux qui attestent l'importance qu'ils attachaient aux eaux minérales. Gréoux fut l'objet de leurs soins particuliers, et des monumens échappés aux ravages du temps et des barbares prouvent que les plus illustres personnages vinrent y rétablir leur santé.

Quelque puissante que soit l'action de ce remède que la nature prépare pour le soulagement de nos infirmités, par des moyens qui nous sont inconnus et que l'art a vainement tenté d'imiter, il faut tenir compte, dans l'appréciation de ses effets, de l'influence du voyage, du changement d'air, de lieux, des manières de vivre, et des impressions nouvelles qui viennent de toutes parts modifier l'organisation lorsqu'on se trouve environné d'objets inaccoutumés. Les médecins connaissent la puissance de ces moyens de guérison dans le traitement des maladies chroniques, auxquels il faut peut-être ajouter la respiration des émanations gazeuses dont est chargée l'atmosphère des sources minérales ; principes subtils dont beaucoup ont échappé jusqu'ici aux recherches de la chimie.

A ces accessoires se trouvent réunis dans l'établissement de Gréoux des jardins ombragés, des promenades variées, des sites pittoresques, un air doux et pur. Aussi l'aspect seul des lieux a-t-il souvent suffi pour suspendre les douleurs du malade et lui faire pressentir toutes les joies de la convalescence.

On regrettait depuis long-temps que l'établissement moderne n'eût pas reçu tous les perfectionnemens que méritaient son heureuse position et la bonté éprouvée de ses eaux ; ce vœu des médecins et des malades est rempli : l'établissement thermal de Gréoux est au niveau des plus beaux de ce genre. Les logemens ont été considérablement augmentés, le mobilier complété, et les améliorations les mieux entendues ont été faites à tout ce qui tient à l'application des eaux en bains, douches, bains de vapeur et boues minérales (voyez ci-après).

Un médecin choisi par le gouvernement dirige le traitement. Il varie, suivant les maladies et les tempéramens, l'application de ces eaux douées de qualités diversement actives, et susceptibles d'être employées, à l'intérieur et à l'extérieur, de tant de manières et avec tant de résultats divers.

Le médecin inspecteur recevra avec reconnaissance les avis écrits de ses honorables confrères. Il engage les malades à s'en munir, ce double concours de leurs lumières et de son expérience locale ne pouvant que leur être infiniment utile.

Douze livres d'eau contiennent : gaz acide carbonique, dix-neuf pouces cubes; gaz hydrosulfurique, quatorze pouces; hydrochlorate de soude, cinq gros et trois grains; hydrochlorate de magnésie, vingt-un grains; sulfate de chaux, vingt grains; carbonate de chaux, trente-six grains; matière floconneuse (barégine), un gros huit grains.

DES BAINS, DOUCHES, BAINS DE VAPEURS ET BOUES MINÉRALES, ET DE LA BOISSON.

DES BAINS. — Il y a une galerie pour les hommes et pour les dames. Les baignoires sont en marbre blanc d'Italie, et placées dans un cabinet éclairé. La durée ordinaire du bain est d'une heure; mais on peut la prolonger sans inconvéniens (1).

L'abondance des sources permet de ne pas interrompre le cours de l'eau qui se renouvelle sans cesse, quand la baignoire est remplie, et conserve par ce moyen une température toujours égale. Peu d'établissemens présentent cet avantage ainsi que celui de pouvoir passer du bain dans son appartement sans être exposé à l'air extérieur. On peut diminuer la chaleur de l'eau, soit par le refroidissement, soit par le mélange d'eau froide.

DES DOUCHES. — Les médecins connaissent l'action puissante des douches dans la plupart des maladies chroniques. Tantôt elles agissent directement sur les organes malades, dont elles réveillent ou modifient la sensibilité; tantôt elles agissent comme moyen révulsif, en portant sur la périphérie une excitation propre à déplacer des irritations fixées sur des organes internes. La douche habilement appliquée constitue une médication salutaire, active et variée. Peu d'établissemens présentent plus de ressources sous ce rapport. Il y a des douches descendantes, ascendantes et latérales, dont on varie la force à volonté : une douche en pluie pour les maladies de la peau, des appareils pour diriger la colonne d'eau vers la matrice, le rectum, les oreilles et les yeux. Une personne, sous la surveillance du médecin, administre, suivant les indications, les différentes espèces de douches.

DES BAINS DE VAPEURS. — Les bains de vapeurs sont établis dans une pièce voûtée où les vapeurs sont concentrées. Elle est précédée de plusieurs autres pièces échauffées pour éviter les courans d'air extérieur. Les vapeurs minérales se dégagent au travers d'un plancher percé à jour. Le malade, assis sur un fauteuil, y demeure exposé le temps prescrit, et passe de là dans un lit chaud où s'achève la transpiration excitée par les vapeurs minérales.

DES BOUES. — Les boues minérales sont le produit des dépôts formés lentement par les sources dans les acquéducs qu'elles parcourent. Elles sont conservées dans un bassin, et sans cesse réchauffées et minéralisées par un tuyau d'eau qui coule dans ce réservoir. C'est là qu'on les prend pour les appliquer par frictions et par couches sur les parties malades. On conserve cette application pendant une heure au moins dans la pièce qui précède le bain de vapeur, et on se lave dans une baignoire avant de passer dans son lit.

On applique aussi les boues en cataplasmes pendant la nuit sur certaines tumeurs qui ont besoin d'être excitées, telles que les ankyloses, les tumeurs froides et lymphatiques, etc. C'est un des plus puissans résolutifs.

DE LA BOISSON. — Il y a une vaste salle de boisson au fond de laquelle se trouve la fontaine minérale. Les buveurs peuvent s'y promener lorsque le temps ne permet pas de prendre l'exercice au-dehors.

(1) Cet avantage tient à cette température de 31 degrés, qui est précisément celle du sang chez l'homme C'est la plus favorable qu'on puisse désirer dans une source thermale On sait combien les eaux d'une température plus chaude produisent d'accidens fâcheux lorsqu'elles ne sont pas administrées avec précaution.

L'usage des eaux se paie 30 fr., quelle que soit la durée du séjour.
Moyennant ce prix, on use à volonté des bains, douches, bains de
vapeurs, boues minérales, et de la boisson; et on reçoit gratuitement
les soins du médecin, qui est rétribué par l'établissement.

L'établissement est ouvert au public à partir du 1er mai.

LOGEMENS. — Il y a un nombre considérable de chambres garnies dans les prix de 4.—3.—2.50.—2.—1.50 et 1 fr. par jour. Plusieurs de ces chambres peuvent être réunies par des portes de communication, suivant les convenances.

Il y a en outre des appartemens complets composés d'un salon, d'une ou plusieurs chambres à coucher avec chambre de domestique.

Les lits de supplément garnis se paient 1 fr. par jour. Pour la location, le jour de l'arrivée et celui du départ ne comptent que pour un.

Le loyer d'un appartement court du jour où il a été retenu. Le propriétaire voulant favoriser les vues de beaucoup de médecins, qui croient qu'un traitement moins rapide peut souvent être utile aux malades, et faciliter ceux qui voudraient passer tout le temps de la belle saison dans un local qui offre tous les charmes de la campagne réunis aux agrémens de la société, a arrêté les dispositions suivantes : après un mois de séjour, le loyer sera réduit d'un tiers, et de moitié s'il se prolonge au-delà de deux mois. Enfin l'on conservera la libre disposition personnelle d'un appartement, depuis le premier mai jusqu'à la fin d'octobre, en en payant le loyer pendant trois mois suivant le tarif.

NOURRITURE. — Il y a dans l'établissement même une table d'hôte à 4 fr. par jour, et une seconde à 3 fr. On déjeune à la fourchette à 11 heures, et on dîne à 5 ; moyennant ce prix, on peut demander tous les bouillons nécessaires pendant le traitement.

Il y a une table pour les domestiques à 2 fr. 50 cent. par jour.

On vient, en outre, d'établir au bout de l'avenue un restaurant à la carte ; les deux entrepreneurs traiteront de gré à gré pour les personnes qui veulent se faire servir dans leur appartement.

Il y a une grande cuisine fournie du bois nécessaire pour ceux qui veulent faire leur ordinaire, moyennant une rétribution de 20 cent. par tête et par jour.

Le public trouvera dans ces moyens divers toutes les facilités qu'il peut désirer.

DES MOYENS D'ARRIVER A GRÉOUX. — Il y a une diligence en poste, qui part d'Aix et de Marseille pour Gréoux tous les jours. On trouvera toujours à Aix des voitures à six places et des cabriolets qui partent à volonté, en s'adressant aux principaux hôtels garnis. Il y a un bureau de poste; les lettres doivent être adressées à Gréoux, département des Basses-Alpes.

DU SALON DE COMPAGNIE. — Un vaste salon de réunion est à la disposition des étrangers. Il y a attenans une salle de billard et un cabinet de lecture avec les journaux les plus répandus.

On trouve au bout de l'avenue un café et un billard pour les personnes qui ont l'habitude de fumer, et qui, d'après les réglemens, ne peuvent s'y livrer dans l'intérieur de l'établissement.

Les baigneurs jouissent de la plus entière liberté dans leur manière de vivre. Ou les engage à se réunir parce que les distractions de la société sont aussi un moyen de guérison.

On peut se procurer, dans le village de Gréoux, des chevaux et des ânes de louage pour la promenade. Plusieurs villes des environs, Manosque, Riez, Valensole, Moustiers, offrent des beautés naturelles remarquables, ou des vestiges curieux de la grandeur romaine.

Les amateurs de la chasse et de la pêche trouveront à exercer leur goût sur des montagnes abondantes en gibier et dans une rivière poissonneuse (le Verdon, qui coule à cinq minutes de l'établissement).

CHEVAUX ET VOITURES. — Il y a des remises et des écuries dépendantes de l'établissement, et les chevaux sont nourris au plus juste prix.

Le public trouvera toutes les facilités compatibles avec la localité. L'intention du propriétaire est d'étendre le bienfait de ses eaux à toutes les infirmités qu'elles peuvent guérir ou soulager, et de le rendre accessible à toutes les fortunes.

Les personnes qui désirent des renseignemens relatifs à la médecine voudront bien s'adresser à M. le médecin-inspecteur du gouvernement auprès des eaux minérales de Gréoux ; et pour retenir des logemens, a M. Baron, régisseur. IL FAUT AFFRANCHIR.

PRINCIPALES MALADIES DANS LESQUELLES SONT INDIQUÉES LES EAUX DE GRÉOUX.

Rhumatismes, dartres, sciatique, goutte, paralysie, raideur et faiblesse des membres à la suite des fractures ou des entorses, obstructions du foie et des viscères abdominaux, scrofules et symptômes qui en dépendent. Maladie, suite de couches, connue sous le nom de lait répandu, fleurs blanches, chlorose des jeunes filles, époque critique des femmes pour prévenir les accidens qui l'accompagnent. Affections nerveuses; les eaux réussissent surtout dans celles qui coïncident avec l'état vaporeux chez les femmes, et l'hypocondrie chez les hommes. Palpitations, lorsqu'elles ne dépendent pas d'un anévrisme; faiblesse du canal intestinal, langueur dans les digestions, aigreurs de l'estomac et flatuosités. Paralysie du rectum, paralysie de la vessie et incontinence des urines, suites des chutes. Catarrhe chronique de la vessie, gravelle et affections calculeuses des reins (la boisson des eaux augmente considérablement la sécrétion des urines). Engorgement du col de la matrice; épuisement suite de la masturbation et des plaisirs vénériens, l'impuissance et les pollutions involontaires qui en résultent. Fièvres intermittentes rebelles. Ulcères atoniques, plaies d'armes à feu. Luxations spontanées incomplètes, dépendantes d'un principe rhumatismal ou scrofuleux. Tumeurs blanches des articulations Surdité, lorsque la paralysie du nerf n'est pas complète ; il y a une douche spéciale pour l'oreille. Ulcération et écoulement chronique des paupières (il y a une douche pour cet organe); rougeurs au visage, gonorrhées anciennes et symptômes siphilitiques qui ont résisté aux traitemens ordinaires.

Nous consignerons ici une observation importante : on sait combien les inflammations de l'estomac et des intestins sont devenues communes, soit que ces maladies existent en effet en plus grand nombre, soit qu'elles aient été mieux étudiées. Quand elles sont devenues chroniques, elles trouvent dans l'usage des eaux de Gréoux un remède efficace. Le médecin attaché à l'établissement a constaté une foule d'observations relatives à des gastrites ou gastro entérites guéries par l'usage des eaux.

Le propriétaire, désirant procurer au public tous les avantages dont son établissement est susceptible, et corriger les abus qui pourraient exister dans l'administration, invite les étrangers à consigner leurs plaintes ou leurs vues d'amélioration sur un registre qui est déposé chez le régisseur ; il se fera un devoir d'accueillir toutes les réclamations fondées.

www.ingramcontent.com/pod-product-compliance
Lightning Source LLC
Chambersburg PA
CBHW071325200326
41520CB00013B/2864

CONTRIBUTION A L'ÉTUDE

DES

KYSTES DERMOÏDES

DE L'OVAIRE

PAR

Achille LEBROU

DOCTEUR EN MÉDECINE

MONTPELLIER
IMPRIMERIE CENTRALE DU MIDI
(Hamelin Frères)

1891

CONTRIBUTION A L'ÉTUDE

DES

KYSTES DERMOÏDES

DE L'OVAIRE

PAR

Achille LEBROU

DOCTEUR EN MÉDECINE

MONTPELLIER
IMPRIMERIE CENTRALE DU MIDI
(Hamelin Frères)
—
1891

PERSONNEL DE LA FACULTE

MM. CASTAN (✳)............. Doyen
BERTIN-SANS .... Assesseur

PROFESSEURS

	MM.
Médecine légale et toxicologie	JAUMES.
Clinique chirurgicale..........................	DUBRUEIL (✳).
Chimie médicale et pharmacie............	ENGEL.
Id. Ville (Ch. de c.)	
Hygiène	BERTIN-SANS.
Clinique médicale.............................	CASTAN (✳).
Clinique médicale.............................	GRASSET.
Physiologie	LANNEGRACE.
Id. Hédon (Ch. de c.)	
Clinique chirurgicale..........................	TÉDENAT.
Clinique obstétricale et gynécologie	GRYNFELTT.
Anatomie pathologique et histologie....	KIENER (✳).
Thérapeutique et matière médicale........... ...	HAMELIN (✳)
Anatomie	PAULET (O.✳.✳).
Pathologie interne.....	CARRIEU.
Clinique des maladies mentales et nerveuses......	MAIRET.
Physique médicale...........................	IMBERT.
Botanique et histoire naturelle médicale	GRANEL.
Pathologie externe (Ch. de cours)................	ESTOR.
Opérations et appareils (Ch. de cours)	FORGUE.

Doyen honoraire : M. BENOIT (O. ✳ ✳).
Profess. honor. : M. DUPRÉ (O. ✳ C. ✳).

CHARGÉS DE COURS COMPLÉMENTAIRES

	MM.
Clinique annexe des maladies des vieillards.	REGIMBEAU, agrégé (✳).
Histologie..............................	BLAISE, agrégé.
Clinique annexe des maladies des enfants.	BAUMEL, agrégé.
Clinique annexe ophthalmologique........	TRUC, agrégé.
Accouchements	GERBAUD, agrégé.
Clinique ann. des mal. syphil. et cutanées......	BROUSSE, agrégé.

AGRÉGÉS EN EXERCICE :

MM.	MM.	MM.
de GIRARD	VILLE	BROUSSE
SERRE	FORGUE	SARDA
REGIMBEAU (✳)	TRUC	ESTOR
BLAISE	GERBAUD	HEDON
BAUMEL	GILIS	LECERCLE

MM. H. GOT, secrétaire.
F.-J. BLAISE, secrétaire honoraire.

EXAMINATEURS DE LA THÈSE :

MM. TÉDENAT, président. | MM. SERRE, agrégé.
GRYNFELTT, professeur. | TRUC, agrégé.

A LA MÉMOIRE DE MA MÈRE

A MON PÈRE

A MA FIANCÉE

A MON FRÈRE

A. LEBROU.

A MES PARENTS

A MES AMIS

A. LEBROU.

A MON PRÉSIDENT DE THÈSE

MONSIEUR LE PROFESSEUR TÉDENAT

A. LEBROU.

INTRODUCTION

C'est sur les conseils de notre cher et excellent maître M. le professeur Tédenat que nous avons choisi comme sujet de notre thèse inaugurale une étude sur les kystes dermoïdes de l'ovaire.

Comme cette question est loin d'être encore complètement résolue, nous avons cru utile de publier quelques observations inédites qu'a bien voulu nous communiquer M. le professeur Tédenat, persuadé que l'obscurité qui entoure la pathogénie de ces kystes ne se dissipera que grâce aux lumières que répandront sur leur étude l'observation et la comparaison du plus grand nombre de faits.

Que M. le professeur Tédenat daigne recevoir ici l'expression de notre profonde gratitude pour ses précieux conseils et la bienveillance qu'il nous a toujours témoignée pendant nos études médicales.

MM. les professeurs agrégés Blaise et Gerbaud, qui n'ont pas cessé de nous apporter le plus vif intérêt, voudront bien agréer l'hommage de notre reconnaissance.

DÉFINITION

On appelle *kyste dermoïde* une tumeur congénitale formée par une cavité close de toutes parts et dont le caractère essentiel est d'avoir pour enveloppe une membrane dont la texture se rapproche beaucoup de celle de la peau.

Les régions où on les rencontre de préférence sont : la queue du sourcil, le cou, le testicule et l'ovaire.

Nous nous occuperons uniquement dans notre travail des kystes dermoïdes de l'ovaire.

DIVISION

Nous étudierons successivement :

1° Les théories pathogéniques des kystes dermoïdes de l'ovaire ;

2° Leur anatomie pathologique ;

3° Leur étiologie ;

4° Leur symptomatologie et leur diagnostic ;

5° Leur pronostic ;

6° Leur traitement ;

7° Enfin la dernière partie de notre travail sera consacrée à la relation de nos observations.

CONTRIBUTION A L'ÉTUDE

DES

KYSTES DERMOÏDES

DE L'OVAIRE

CHAPITRE PREMIER

PATHOGÉNIE

Historique et examen critique des diverses théories émises sur la formation des kystes dermoïdes de l'ovaire.

Les kystes dermoïdes de l'ovaire paraissent avoir été connus des auteurs anciens. Galien fait mention de tumeurs de l'abdomen contenant des corps semblables à des ongles, des poils, des os, des pierres et des fragments. Dans quelques cas, disait-il, il y avait de la boue, de l'huile, du limon, de la lie de vin.

Celse et Aétius connaissaient aussi ces tumeurs ; mais, de même que Galien, ils ne cherchèrent pas à expliquer leur mode de formation.

Les auteurs du moyen âge pensaient que ces lésions étaient le produit d'œuvres divines. Ces idées régnèrent jusqu'au

XVII° siècle, et c'est ainsi que l'on voit Ambroise Paré lui-même en attribuer la formation aux démons, qui, selon lui, peuvent « en beaucoup de manières et façons tromper notre terrienne lourdesse, à raison de la subtilité de leur essence et malice de leur volonté. »

Coley, le premier, a cherché (1675) à expliquer d'une façon naturelle l'origine de ces kystes. Il croit que ces masses dermoïdes se développent à la suite de l'acte copulatif, mais qu'elles sont le produit d'une génération plus incomplète, ou seulement le résultat d'un effort avorté pour leur donner naissance.

Dans son *Histoire naturelle*, Buffon s'exprime ainsi : « La liqueur séminale de chaque individu (mâle ou femelle) ne peut pas produire toute seule un animal, un fœtus, mais elle peut produire des masses organisées ;... alors on pourra dire que toutes ces productions osseuses, charnues, chevelues trouvées dans les testicules des femelles et dans le scrotum des mâles peuvent tirer leur origine de la seule liqueur de l'individu dans lequel elles se trouvent. »

Otto croyait que le sperme peut quelquefois avoir assez d'énergie pour féconder, non seulement l'œuf qui est dans l'ovaire, mais encore communiquer au fœtus qui sera le produit de cette fécondation la faculté d'engendrer à son tour.

Baillie rencontra un kyste pileux chez une jeune fille de treize ans dont l'hymen avait conservé son intégrité et dont la matrice n'avait pas le volume que lui fait acquérir ordinairement la puberté. Plus tard, une jeune fille de dix-huit ans lui offrit un exemple identique. Ces deux faits le forcèrent à rejeter les opinions de « ceux qui regardaient ces phènomènes comme des œufs développés incomplètement à la suite d'une fécondation, et le portèrent à croire qu'ils peuvent se manifester sans le secours des deux sexes. »

Meckel (1815) se rapproche beaucoup de l'opinion émise

par Buffon, en ce sens qu'il ne regarde pas l'acte copulatif comme nécessaire. Se basant sur le fait observé par Nysten, c'est-à-dire la présence de ces productions assez fréquentes chez les vieilles filles, l'illustre anatomiste les considère « comme le résultat dû à un excitement contre nature des organes génitaux. »

« Rien ne prouve, dit-il, que la femme n'ait point la faculté de produire, sans le concours de l'homme, des ébauches, imparfaites au moins, d'organismes nouveaux... et, si l'on est assez prudent pour ne pas franchir les bornes, rien n'empêche d'admettre une *Lucina sine concubitu.* »

Comme l'a montré Geoffroy Saint-Hilaire, on voit que l'idée d'une formation anormale est la base de l'explication donnée par Coley et par Meckel, formation anormale résultant, soit d'une union sexuelle, soit d'une excitation isolée, contre nature, de l'appareil générateur.

Au commencement du XIXe siècle, nous avons donc deux théories en présence : la grossesse extra-utérine et l'inclusion fœtale. Toutes les deux ont régné assez longtemps dans la science, grâce aux hommes éminents qui s'en sont fait les défenseurs convaincus.

GROSSESSE EXTRA-UTÉRINE. — Alquié, Bricheteau regardent les kystes développés dans l'ovaire et qui renferment des cheveux ou des dents comme des produits d'une conception intra-ovarique.

« Que les kystes de l'ovaire, dit Cruveilhier, contenant des poils, des dents, des fragments d'os, des portions de peau, témoignent la présence d'un germe fécondé, en partie détruit et dont il n'existe que quelques vestiges, c'est, je pense, ce qui ne sera révoqué en doute par personne aujourd'hui, et je ne saurais admettre qu'il existe certains états pathologiques dans lesquels peuvent se développer des dents, des os, des cheveux, en un mot, des produits morbides qui ressemblent tellement à des débris de fœtus que l'observation la plus attentive ne puisse éviter l'erreur. »

Sédillot, Cazeaux, Maisonneuve se prononcent aussi pour une grossesse ovarique.

Huguier, Grisolles, Vidal de Cassis les regardent comme des kystes embryonnaires provenant d'une grossesse ovarique. Pour eux, le fœtus a succombé à une époque plus ou moins rapprochée de la conception, et les parties les plus réfractaires ont seules résisté à l'absorption.

INCLUSION.— Tumiati, dans ses *Opuscules choisis*, explique la présence d'une masse de cheveux trouvés dans l'utérus d'une femme, en disant qu'elle est produite par le même acte de fécondation qui a produit l'individu principal.

Geoffroy Saint-Hilaire regarde cette opinion comme la plus rationnelle et, sans nul doute, vraie pour un certain nombre de cas, mais il ne l'admet pas d'une manière générale.

Il en est de même pour Velpeau, qui, tout en accordant une grande part à l'inclusion, divise ces tumeurs en trois ordres :

Dans le premier, il range les faits qui paraissent dépendre du même acte qui a produit l'organisme qui les contient.

Il classe dans le deuxième ordre ceux qui, en plus des poils, des dents, etc., renferment des portions charnues, débris d'un organisme régulièrement formé dans le principe et qui sont dus à une fécondation complète ou incomplète.

Enfin sont classés dans le troisième ordre les cas dans lesquels les tumeurs ne renferment que de la graisse, des poils et des dents, ou un seul de ces produits. « Ils auraient été sécrétés par le sac qui aurait acquis une forme organisée et aurait revêtu les caractères de la peau. »

Pigné (1815) admet sans réserves la théorie de l'inclusion.

Hétéropie. — Devant l'impossibilité où l'on se trouve d'expliquer l'origine de tous ces kystes par la grossesse extra-utérine ou l'inclusion fœtale, Lebert les attribua à l'hétérotopie plastique (ετερος, autre; τοπος, lieu), loi de pathogénie générale qu'il formule ainsi à la fin de son travail : les tissus simples ou composés, et des organes plus complexes, peuvent se former de toutes pièces dans toutes les parties du corps, où, à l'état normal, on n'en rencontre point.

Cette théorie, comme l'a fait remarquer Courty, n'explique rien, « elle ne fait qu'exprimer par un mot l'affirmation du fait lui-même. »

Parthénogenèse. — Une explication plus plausible, en apparence du moins, est fournie par la théorie de la parthénogenèse. Émise par Magwey, acceptée par Rouget, Courty, Lawson Tait, elle a surtout été développée et vulgarisée en quelque sorte par Waldeyer. De l'ovule fécondé dérivent tous les tissus de l'organisme. Pourquoi dès lors ne pas admettre qu'en dehors de toute fécondation *par parthénogenèse* cette cellule primordiale, sous une influence encore inconnue, ne puisse se développer anormalement et donner naissance aux nombreuses variétés de tissus que peuvent contenir les kystes dermoïdes ?

Toute séduisante que paraisse cette théorie, on est bien forcé d'admettre qu'elle n'est qu'une simple hypothèse acceptable tout au plus pour l'ovaire, mais qu'on ne peut généraliser et étendre aux autres formations dermoïdes.

Enclavement. — On s'est ainsi trouvé forcé de chercher autre chose. On a eu recours alors à la doctrine de l'enclavement. Imaginée par Verneuil, soutenue et développée dans diverses publications par des élèves de ce chirurgien, cette théorie admet que, pendant le développement fœtal et au moment de la fusion des divers segments du corps de l'embryon, des portions épiblastiques se sont trouvées pincées entre les lèvres de la soudure, et de la sorte incarcérées dans

le tissu cellulaire sous-cutané. Cette sorte de greffe acciden-
telle, se mettant à proliférer en vertu de son énergie propre,
peut donner naissance aux productions qui dérivent du feuillet
externe. Ainsi se trouve constitué un kyste dermoïde.

Cette théorie très scientifique vient de recevoir sa sanction
expérimentale des travaux de Masse (de Bordeaux). Cet auteur,
en effet, en greffant de l'épiderme dans la cavité péritonéale
de certains animaux, a pu obtenir des productions épidermiques analogues à celles qu'on rencontre dans les kystes dermoïdes.

On peut donc affirmer que la théorie de l'enclavement explique de la manière la plus satisfaisante l'origine des kystes
développés au niveau des fentes branchiales et sur la ligne
de réunion des parties primitivement doubles.

Mais, tandis que ces sortes de kystes dermoïdes ne renferment que des productions épiblastiques, le contenu de ceux
de l'ovaire est bien plus complexe.

A côté des cheveux et de la graisse, on voit des os, des tissus nerveux et musculaires qui dérivent normalement du
mésoderme.

La théorie de l'enclavement épiblastique seul ne saurait
donc fournir une explication satisfaisante. Il faut autre chose.
C'est pour combler cette lacune que Lefranc (thèse de Nancy,
1886) a récemment admis *un double enclavement* à la fois
épiblastique et mésoblastique.

Pour le rendre anatomiquement possible, il admet que le
corps de Wolf, aux dépens duquel se développe l'ovaire, dérive
du feuillet interne du blastoderme. Cette opinion, émise pour
la première fois par His, semble définitivement acquise à la
science depuis les travaux de Flemming.

Cet auteur a pu en effet, sur de très jeunes embryons de
lapin, observer l'origine ectodermique du corps de Wolf, qui,
apparaissant sous forme d'un renflement du feuillet externe,

se pédiculise graduellement, s'isole et effectue enfin sa migration vers le feuillet mésodermique. Arrivé là, il se trouve dans la situation qu'on lui assigne ordinairement, c'est-à-dire en dehors des prévertèbres, au niveau du point de jonction de celles-ci avec la somatopleure et faisant saillie dans la cavité pleuro-péritonéale. Tels sont l'origine et les rapports que Lefranc assigne au corps de Wolf. Ceci considéré comme réellement démontré, la conception du *double enclavement* devient la chose la plus naturelle du monde.

Il suffit en effet d'admettre successivement une incarcération de bourgeons appartenant aux feuillets externes et moyens, pour avoir l'explication la plus plausible des kystes dermoïdes de l'ovaire au point de vue pathogénique.

Nous trouvons cette théorie séduisante. Elle est la seule de toutes celles que nous avons examinées jusqu'ici qui permette d'interpréter rationnellement le développement de ces sortes de tumeurs. Nous ne nous refusons donc pas à l'accepter, mais à une condition toutefois, c'est que les faits anatomiques sur lesquels elle s'appuie reçoivent des travaux des embryologistes compétents une consécration définitive. Car on ne saurait méconnaître que cette manière de voir a eu peu de faveur dans la science. Kölliker, Waldeyer, Mathias Duval, Rouget et d'autres encore rejettent l'opinion de His et admettent l'origine mésodermique du corps de Wolf. Il y a donc là, malgré les travaux de Flemming, dont nous reconnaissons certes toute l'importance, un point qui nécessite encore de nouveaux travaux et demande, pour être définitivement acquis à la science, un supplément de preuves.

Si maintenant nous considérons l'ensemble de ces théories, et si nous les comparons entre elles, nous pouvons nous convaincre qu'à mesure que nous nous approchons de notre époque, les conceptions pathogéniques ont successivement délaissé des hypothèses pour s'appuyer sur des faits anatomiques scientifiquement démontrés.

Toutefois, malgré ces louables efforts, on peut se demander si ces tentatives ont abouti. La théorie du *double enclavement* est évidemment celle qui rend le mieux compte des faits ; mais nous avons fait remarquer qu'elle s'appuie sur des bases anatomiques un peu fragiles peut-être.

Donc, à notre avis du moins, la question de la pathogénie des kystes dermoïdes reste encore pendante et demande de nouveaux travaux. Elle reste toujours, selon l'expression de Pozzi, un des points les plus obscurs de la pathologie générale.

CHAPITRE II

ANATOMIE PATHOLOGIQUE

En général, les kystes dermoïdes de l'ovaire sont remarquables par le degré élevé des productions qu'on y rencontre. Ce sont des épithéliums variables, stratifiés, à cils vibratiles, etc..., des glandes sébacées, des follicules pileux, des dents ; toutes les variétés du tissu conjonctif, de l'os, du cartilage et même du tissu musculaire. Les tumeurs qui renferment ces produits sont des tumeurs purement dermoïdes.

Nous allons étudier successivement la paroi de ces kystes et leur contenu.

PAROI. — La paroi des kystes dermoïdes de l'ovaire présente une épaisseur variable. Elle est tantôt mince (1 ou 2 millim.), tantôt épaisse (5 à 8 millim.). Cette épaisseur varie même dans les différents points de l'étendue de la membrane.

La face externe contracte fréquemment des adhérences avec les organes abdominaux, surtout avec l'épiploon.

La face interne est quelquefois lisse et polie ; souvent tomenteuse et irrégulière, elle présente des saillies et des élevures verruqueuses. Sa structure est identique à celle de la peau ; l'épithélium qui la recouvre rappelle l'épiderme ; il est formé

comme lui de plusieurs couches, et l'on trouve, en allant de la surface libre ou interne vers la surface adhérente ou externe : 1° une couche de cellules cornées très épaisse ; 2° une couche de cellules simples remplies de granulations d'éléidine ; 3° une couche de cellules polygonales à dentelures très fines ; 4° une couche de cellules cylindriques reposant directement sur le derme.

Le derme présente sa structure habituelle. Au niveau de la surface avoisinant l'épiderme, il se prolonge parfois en papilles. Ces papilles sont très variables entre elles en longueur et en épaisseur. Leur disposition n'est jamais régulière ; leur réunion a pu simuler un mamelon (Pozzi).

Un pannicule adipeux assez épais et distinct sépare la couche dermique de la coque fibreuse du kyste.

Dans ces couches, qui reproduisent si complètement la structure de la peau, on constate souvent la présence d'un grand nombre des attributs spéciaux de cette membrane. Ce sont, avec des vaisseaux, des follicules pileux, des poils, des glandes sudoripares souvent fort volumineuses, des dents, des glandes sébacées, etc... Ces dernières déversent dans la cavité leurs produits de sécrétion, qui, mélangés aux débris des cellules épidermiques forment la substance butyreuse, mélicérique, athéromateuse signalée par tous les auteurs.

Dans quelques cas cependant la structure de la peau est modifiée. Quelquefois on trouve seulement une paroi fibreuse tapissée d'une couche épithéliale ; d'autres fois, l'épithélium peut être tombé dans l'intérieur du kyste et la paroi se trouve réduite à une simple couche fibreuse (Kirmisson). Elle peut être calcifiée par places, ou recouverte de fibres lamineuses enroulées, de tissus sarcomateux ou embryoplastique, parfois de fibres musculaires lisses.

CONTENU. — Le contenu de ces sortes de tumeurs est très complexe. On y trouve d'abord un liquide oléagineux de coloration et de consistance variables : parfois clair, non visqueux, généralement filant, ambré, rosé s'il renferme un peu de sang. Dans quelques cas très rares, les kystes dermoïdes de l'ovaire ont pu s'enflammer et renfermer du pus. L'analyse chimique y a révélé la présence de l'albumine, d'une substance grasse, de phosphates et de grumeaux de matières sébacées de couleur blanc grisâtre. Au microscope, on observe des cellules épithéliales altérées et une quantité plus ou moins considérable de substance graisseuse disséminée dans le liquide ou bien réunies en boules.

Au milieu de ce magma, on rencontre de préférence des poils, des cheveux, des dents et des os. Les poils, produits par les follicules pileux, sont implantés ou libres et présentent une structure identique à celle des poils normaux. Il en est de même des cheveux. Ceux-ci sont longs, souvent de couleur claire et différente de la teinte de la chevelure du malade. On les voit roulés en pelotons de diverses grosseurs et agglutinés par de la matière sébacée.

Les dents s'y rencontrent en nombre très variable : 2, 3, 5, 7, etc. Autenrieth a décrit un fait où 300 dents furent enlevées d'un kyste qui en contenait encore. Elles ne présentent que vaguement la forme de dents parfaites et ne répondent jamais aux types des incisives, canines et molaires. Il est très fréquent d'en trouver un certain nombre altérées morphologiquement, et revêtant les types les plus bizarres. C'est ainsi qu'on a vu des dents coudées, soudées entre elles, irrégulières, atrophiées, manquant de racine (Magitot). Elles sont ordinairement comme incrustées dans les parois de la poche, mais elles peuvent être libres à l'intérieur ou bien implantées dans des débris osseux creusés de sortes d'alvéoles où elles tiennent parfois assez solidement. Elles posséderaient toujours, d'après Reindfleisch, les parties constituantes de la dent (émail, ivoire, cément), cependant le cément fait parfois défaut. Quelques auteurs avancent qu'ils ont trouvé des dents cariées. Mais, comme le dit Lannelongue, il est permis de croire avec Magitot qu'il s'agissait là non de carie véritable, mais simplement de phénomènes d'usure et de résorption (Pozzi).

Outre ces divers produits, on trouve dans les kystes dermoïdes de l'ovaire presque tous les tissus de l'économie. Cornil et Ranvier y ont rencontré de la matière nerveuse, des fibres à doubles contours et des cellules. Rokitansky y a découvert des cellules nerveuses, Virchow des traces de substance médullaire grise. Des masses de tissus cartilagineux et des muscles striés sont notés dans plusieurs observations.

M. le professeur Tédenat a opéré avec succès une malade portant une grosse tumeur kystique de l'ovaire. Une portion de la tumeur, les trois quarts environ, était constituée par un épithéliome mucoïde ; le reste était un kyste dermoïde, à poche distincte, dont la paroi était constituée par un véritable sac cutané épais, sur lequel s'insérait une grosse touffe de poils bruns. M. Tédenat a vu un kyste analogue, moitié mucoïde et moitié dermoïde, dans le service de M. Letiévant, chirurgien de l'hôtel-Dieu de Lyon.

CHAPITRE III

ÉTIOLOGIE

Tous les auteurs sont aujourd'hui d'accord pour reconnaître l'origine congénitale des kystes dermoïdes. Cependant l'âge auquel ces tumeurs se manifestent est très variable. Voici à ce sujet la statistique de Lebert, portant sur 59 cas.

de 1	à	5	ans	nombre de kystes observés	0
5	à	10	—	—	1
10	à	15	—	—	8
15	à	20	—	—	3
20	à	25	—	—	8
25	à	30	—	—	7
30	à	35	—	—	4
35	à	40	—	—	8
40	à	45	—	—	7
45	à	50	—	—	6
50	à	55	—	—	2
55	à	60	—	—	3
60	à	65	—	—	1
65	à	70	—	—	0
au-dessus de 70			—	—	1

Pauly, sur 103 cas observés, en a trouvé :

de	1	à	5	ans	—	—	4
	5	à	10	—	—	—	3
	10	à	15	—	—	—	10
	15	à	20	—	—	—	8
	20	à	25	—	—	—	12
	25	à	30	—	—	—	14
	30	à	35	—	—	—	10
	35	à	40	—	—	—	11
	40	à	45	—	—	—	8
	45	à	50	—	—	—	10
	50	à	55	—	—	—	5
	55	à	60	—	—	—	3
	60	à	65	—	—	—	1
	65	à	70	—	—	—	2
	70	et	au-dessus	—	—	—	2

Voici enfin la statistique publiée par Lannelongue dans son *Traité sur les kystes congénitaux :*

de	1	à	5	ans	nombre de kystes observés	3
	5	à	10	—	—	—	2
	10	à	15	—	—	—	1
	15	à	20	—	—	—	4
	20	à	25	—	—	—	4
	25	à	30	—	—	—	3
	30	à	35	—	—	—	2
	35	à	40	—	—	—	1
	40	à	45	—	—	—	2
	45	à	50	—	—	—	2

Il ressort de ces statistiques que les kystes dermoïdes de l'ovaire se montrent de préférence à l'âge d'activité des fonctions sexuelles, c'est-à-dire entre quinze et cinquante ans. Il faut en conclure que les éléments anatomiques à l'inclusion desquels est due leur production peuvent rester silencieux pendant un certain temps ; puis tout à coup, sous l'influence d'une cause inconnue, prendre un développement rapide et constituer de véritables tumeurs.

Schwartz admet cependant que chez les enfants les tumeurs de l'ovaire sont souvent des kystes dermoïdes.

Ces kystes peuvent se rencontrer dans un seul ovaire ou dans les deux à la fois, mais ils occupent de préférence le côté droit. Lebert, sur 64 kystes dont il a pu préciser le siège, a noté la tumeur 22 fois à droite, 19 fois à gauche, 6 fois sur les deux ovaires. Sur 27 cas, Meckel en a constaté 17 dans l'ovaire droit, 7 dans le gauche et 3 dans les deux.

Les kystes dermoïdes de l'ovaire sont assez rares relativement aux autres kystes. Sur 50 kystes opérés par H. Omary. et Kida (du Japon), 16 étaient dermoïdes. A la clinique de Kœnisberg, sur 100, 6 seulement étaient dermoïdes. Spencer-Wells, dans ses 1,000 ovariotomies, n'en a observé que 20.

Terrillon n'en a rencontré que 8 dans ses 200 ovariotomies.

CHAPITRE IV

SYMPTOMES ET DIAGNOSTIC

Les kystes dermoïdes de l'ovaire ne présentent pas des symptômes spéciaux, et leur diagnostic est très difficile. Courty dit qu'il ne connaît pas de signes même de présomption des kystes pileux ou dermoïdes, à moins que la ponction n'amène l'issue de quelques cheveux ou d'un peu de graisse. Thibaudet (*Journal des sciences médicales de Lille*, 1890) insiste sur la difficulté du diagnostic, qui ne peut se faire que si, par une ouverture spontanée ou chirurgicale, des productions épidermiques viennent à être évacuées.

Cependant, le jeune âge de la malade, la lenteur avec laquelle s'est développée la tumeur, l'absence de fluctuation bien nette, la sensation molle et comme suifeuse qu'on éprouve au toucher, pourront peut-être suggérer à un praticien exercé l'idée qu'il s'agira d'un kyste pileux, mais ne lui permettront d'exprimer qu'une opinion probable. « Lorsque la masse est dure, dit Spencer-Wells, de forme irrégulière, et qu'on y découvre en certains points des nodules de consistance cartilagineuse ou osseuse, on peut soupçonner l'existence d'un kyste dermoïde, surtout si la malade est jeune et blonde », et il cite trois cas où il fut possible de porter un diagnostic qui se trouva vérifié à l'opération ; mais ce sont là des faits extrêmement rares, et plus souvent, l'épaisseur des parois du ventre, la situation plus ou moins profonde de la tumeur, nous privent de ce moyen de la reconnaître.

Ce n'est que par la ponction que l'on peut donner au diagnostic toute la précision désirable, car elle nous permet de nous assurer de la nature du contenu du kyste. S'il contient de la graisse, des poils, des cellules épithéliales, il n'y a pas de doute, on a à faire à un kyste dermoïde.

Mais il arrive le plus souvent que la ponction ne donne aucun résultat, le calibre du trocart étant trop faible pour donner passage aux diverses productions que renferment ces sortes de kystes ; d'un autre côté, elle peut donner lieu à des accidents très graves que nous étudierons plus loin ; et comme, dans la généralité des cas, il suffit d'avoir reconnu le kyste et d'en avoir fixé le siège, nous ne saurions conseiller la ponction exploratrice que dans des cas particuliers, lorsque le diagnostic devra être posé d'une façon décisive.

Un autre procédé a été mis en avant par certains opérateurs: nous voulons parler des incisions exploratrices. Il leur permettait de s'assurer de la nature du kyste, de l'existence des adhérences et de leur étendue. Kœberlé et Péan se sont élevés avec beaucoup de force contre un pareil moyen d'arriver à la certitude ; et aujourd'hui, ce procédé, aussi dangereux que l'ovariotomie, est complètement abandonné.

CHAPITRE V

PRONOSTIC

Le pronostic des kystes dermoïdes de l'ovaire n'est pas aussi fâcheux que celui des autres kystes de l'ovaire qui se prolongent rarement au delà de deux années.

Les kystes dermoïdes ont une marche habituellement très lente, ils apparaissent en général, comme nous l'avons vu ; entre quinze et cinquante ans. Lebert et Pauly ont cité des malades âgées de soixante-dix ans et Terrier en a opéré une âgée de soixante-quinze. Certaines de ces tumeurs ont pu même passer inaperçues toute la vie et n'ont été trouvées qu'à l'autopsie.

Spencer-Wells prétend que leur accoissement s'arrête au bout d'un certain temps et que ce n'est que par suite de l'ascite que le ventre continue à grossir.

Au contraire des autres tumeurs de l'ovaire, les kystes dermoïdes n'ont pas toujours une terminaison fatale. On cite quelques cas où on a vu la paroi du kyste s'enflammer, s'ouvrir spontanément et amener la guérison. Cette rupture peut survenir accidentellement à la suite d'un traumatisme, mais plus souvent elle est le résultat de l'inflammation de la poche et ses conséquences sont très graves. « Les produits divers, dit Kirmisson, qui sont dans leur intérieur, jouent le rôle de véritables corps étrangers et produisent une inflammation qui aboutit à leur expulsion. On voit ces kystes s'ouvrir un chemin du côté de l'intestin, du rectum, du côté du vagin et de la vessie. »

Lebert cite cinq cas où le contenu s'est fait jour par les parois du ventre. Nysten a constaté dans un cas que le kyste s'était vidé dans l'utérus au moyen de la trompe de Fallope. Cette rupture du kyste dans les organes voisins est le plus souvent suivie de mort; et, si celle-ci ne survient pas, la malade conserve une fistule pendant toute sa vie.

Comme les autres tumeurs de l'ovaire, les kystes dermoïdes exercent sur l'économie une influence fâcheuse ; ils apportent de la gêne mécanique au mouvement des organes, provoquent l'irritation et des troubles sympathiques dans quelques autres, enfin produisent un changement de direction dans les mouvements nutritifs au détriment de l'assimilation générale et au profit de leur accroissement. De plus, bien qu'il ne s'agisse ici que de productions normales développées accidentellement, on a trouvé dans les kystes dermoïdes de l'ovaire, du cancer, de l'épithélioma, du sarcome. Cornil et Ranvier citent deux observations qui tendraient à prouver que les kystes dermoïdes de l'ovaire peuvent être le point de départ d'épithélioma susceptible lui-même de s'étendre à l'utérus, à l'épiploon, au duodenum, etc. Si nous ajoutons à cela les nombreuses complications qu'il y a lieu de redouter, telles que péritonite, inflammation et suppuration du kyste, inflammation de l'utérus et de ses annexes, nous voyons que le pronostic doit être réservé. Il le sera bien davantage, si la femme est enceinte. En effet, sur 43 cas de Lebert, la mort est survenue deux fois pendant la grossesse et cinq fois pendant le travail et ses suites.

CHAPITRE VI

TRAITEMENT

Actuellement les méthodes de traitement des kystes der- moïdes de l'ovaire se réduisent à deux : la ponction et l'extir- pation. Nous renvoyons pour les détails de ces opérations aux traités classiques et nous nous bornerons à donner un aperçu des principales indications et à traiter quelques points spéciaux.

Ponction. — La ponction ne peut guère aujourd'hui être considérée comme un mode de traitement, même palliatif. Bien qu'elle ait amené quelques cas de guérison définitive, ces faits sont si rares et les dangers qu'elle fait courir à la malade si graves, que nous devons la rejeter totalement. Il est vrai cependant que, depuis les progrès de l'antisepsie, la transformation purulente du contenu est devenue plus rare, mais les dangers d'une ponction ne se bornent pas là. Il se produit en effet souvent par le trou de ponction, un écoule- ment du contenu du kyste dans la cavité péritonéale, et si ce dernier est purulent, les suites sont sérieuses. Dans d'au- tres cas, l'issue a été mortelle par suite d'une syncope, d'une hémorrhagie causée par une lésion d'un grand vaisseau de la paroi abdominale ou de la paroi du kyste. Dans des cas

particuliers, les intestins, la vessie ont été lésés. Enfin, certaines fois la mort a pu survenir par inflammation de la
poche, la reproduction rapide du liquide et l'existence de
complications telles que le cancer de l'ovaire.

Aussi aujourd'hui ne trouve-t-on guère de chirurgiens qui
conseillent la ponction ; cependant quelques-uns la recomman-
dent dans les cas de grossesse. Mais si l'on songe que l'évacuation du contenu du kyste n'a toujours pu éloigner le danger d'un accouchement prématuré, et que, dans cet état, il
est difficile de déterminer exactement le volume du kyste, de
sorte qu'il est arrivé de ponctionner par erreur l'utérus, nous
devons la repousser même dans ce cas; et cela d'autant plus
que l'expérience a démontré qu'une ovariotomie, pratiquée
sur une femme enceinte, n'est pas plus dangereuse que sur
une autre. Nous avons consigné dans notre travail deux
observations de kystes dermoïdes de l'ovaire avec grossesse
concomitante dans lesquelles l'accouchement après l'opération
se fit normalement.

EXTIRPATION. — L'extirpation est la seule méthode de traitement des kystes dermoïdes de l'ovaire. Terrier et Terrillon déclarent que, pour ces sortes de tumeurs, elle s'impose
comme une absolue nécessité. Toutefois, tant que ces kystes
sont petits, les troubles qu'ils occasionnent peu marqués, toute
intervention, si bénigne qu'elle puisse être, doit être exclue,
car les cas où ces tumeurs sont restées stationnaires toute la
vie ne sont pas rares. L'extirpation ne doit être pratiquée
que lorsque sa nécessité est devenue évidente. Il faut même
qu'elle soit complète, car, pour peu qu'on laisse persister un
fragment de la paroi kystique, la récidive est inévitable. Dans
les cas où elle ne peut se faire, on doit avoir recours à l'ex-
cision partielle, suivie au besoin de la cautérisation de la
paroi restante. Nous devons préconiser d'autant plus cette

opération que, grâce aux progrès apportés au manuel opéra-
toire et consistant surtout dans une antisepsie très rigoureuse,
telle que : stérilisation absolue de tous les instruments par
leur séjour prolongé dans l'eau bouillante à 100°, lavage de la
cavité péritonéale, ébullition des soies servant pour les ligatures, etc., l'extirpation de ces tumeurs est devenue bien
moins grave ; les décès, par suite de cette opération, ne
dépassent jamais 4 pour 100. C'est le mode de traitement que
nous trouvons employé avec succès dans nos observations, et
en particulier dans celles que M. le professeur Tédenat a bien
voulu nous communiquer.

CHAPITRE VII

OBSERVATIONS

OBSERVATION PREMIÈRE

Kyste dermoïde de l'ovaire droit, contenant une grande quantité de cheveux, une dent et un bloc osseux informe. — Ovariotomie.

(Observation recueillie par M. Bertrand)

Louise M..., âgée de vingt-neuf ans, née à Marseille, a toujours joui d'une bonne santé. Réglée régulièrement depuis quinze ans jusqu'à vingt-six ans. Depuis trois ans, menstrues irrégulières, parfois très abondantes, ventre grossissant progressivement ; la malade maigrit, mange peu, digère mal, bien que ne souffrant pas.

Le 20 juin 1881, M. Tédenat constate l'existence d'une tumeur tendue, globuleuse, remontant à trois travers de doigt au-dessus de l'ombilic. La tumeur est mate, fluctue, l'intestin occupe les côtés de la tumeur. Pas d'ascite appréciable. Par le toucher vaginal, on sent l'utérus mobile en rétroversion. On ne touche pas la tumeur.

24. — Opération. Incision de dix centimètres. La tumeur n'est aucunement adhérente. La ponction donne 5 litres d'un liquide gris-jaunâtre, gras et de nombreux poils tortillés, roulés sur eux-mêmes en petits pelotons. Pédicule long de 5 ou

6 centimètres, large de 7 ou 8 centimètres. Ligature en chaîne à deux anses. Section au thermocautère. Pas de lavage péritonéal, l'opération s'étant accomplie sans issue de l'intestin et sans hémorrhagie intra-abdominale. Dix points de suture, quelques douleurs, deux vomissements dans les premières heures de l'opération, faite à neuf heures du matin. A six heures du soir, la malade se trouve bien. Température, 37°8 ; pouls, 110. 500 grammes d'urine retirés par le cathétérisme. Eau de Saint-Galmier glacée.

25. — Nuit bonne. Température, 37°3 ; pouls, 100. Le soir, 37°8 ; pouls, 96.

La malade a pris un quart de litre de lait froid et de l'eau gazeuse glacée. Elle ne souffre presque pas. Un litre d'urine a été retiré par le cathétérisme dans la journée.

26. — Même état, sauf quelques coliques intestinales avec gargouillements. Température : soir, 37°8 ; pouls, 110.

27. — La malade est bien. Lavement glycériné. La malade urine seule. Elle prend une petite tasse de lait froid toutes les trois heures. Température : soir, 37°8 ; pouls, 100.

4 juillet. — Pansement. Réunion parfaite, sauf une gouttelette de pus au niveau du point de suture inférieur. Pansement phéniqué.

7. — Menstruation. Température : matin, 37°9 ; soir, 37°4.

10. — Règles terminées. État général et local excellents.

16. — La malade se lève munie d'une ceinture. Guérison.

L'examen de la pièce a montré : Grande poche à paroi épaisse de 6 à 10 millimètres, selon les points. Sa face interne a presque partout l'aspect d'une peau par places rugueuse, par places mince, fine. Sur une surface carrée de 5 ou 6 centimètres de côté, s'insèrent de nombreux poils de couleur foncée, serrés, longs, tortillés, englués d'une substance grasse.

En un point de la poche, on observe une saillie du volume d'une mandarine, de consistance ferme. Vers le milieu de cette saillie existe une dent, bien implantée, ayant l'aspect d'une incisive saine. En prenant cette masse entre les doigts, on fait sourdre par une masse de points, de menus cylindres de matière sébacée ou des gouttelettes grasses. On sent profondément dans l'épaisseur de cette saillie une partie dure. En incisant, on trouve un morceau d'os qui a la forme et les dimensions d'une petite amande portant sur ses bords plusieurs fines échancrures. Çà et là sur la coupe, on voit des îlots qui ont l'aspect du cartilage; mais, sans examen microscopique, M. Tédenat ne se prononce pas sur leur nature.

OBSERVATION II

(Communiquée par M. le professeur Tédenat)

Kyste dermoïde de l'ovaire contenant de nombreux poils. — Ablation. Guérison.

Jeanne P..., âgée de quarante-quatre ans, est adressée à M. le professeur Tédenat par M. le docteur Tarrou (d'Anduze), le 5 janvier 1886.

Rien à noter dans les antécédents de famille. Jeanne P... a été réglée régulièrement à treize ans; mariée à vingt-deux ans, elle a eu deux enfants. Il y a trois ans, le ventre a commencé à augmenter de volume, lentement. Depuis six mois, douleurs hypogastriques irradiant vers la cuisse gauche, s'accompagnant de temps en temps de symptômes péritoniques : fièvre, douleurs lancinantes, vomissements.

6 janvier. — Le volume du ventre répond à peu près à une grossesse au septième mois. Tumeur globuleuse, tendue, fluctuant nettement, plus développée du côté gauche de la ligne médiane que du côté droit. Par l'examen combiné, on sent l'utérus dévié à droite et en arrière, peu mobile. On perçoit vaguement la tumeur dans le cul-de-sac latéral gauche. En

3

déprimant brusquement la paroi abdominale, on éprouve la sensation d'un petit flot de liquide ascitique dans la région du flanc gauche.

9 janvier. — Toilette antiseptique soignée. Anesthésie. Opération : incision de 9 à 10 centimètres sur la ligne médiane. Deux pinces remplacées par des ligatures avant d'inciser le péritoine. Celui-ci incisé, la tumeur apparaît. Quelques adhérences à la paroi abdominale sur la partie gauche de la tumeur. Ponction donnant quatre litres de liquide ayant l'aspect d'une purée de pois verts à laquelle sont mélangées de nombreuses gouttes huileuses.

La poche est attirée au dehors; au fur et à mesure des adhérences sont rompues. Cinq ligatures doubles de soie phéniquée n° 2 sont posées sur des adhérences épaisses. Pédicule long de six centimètres et assez épais pour nécessiter une ligature en chaîne à trois anses. Section du pédicule avec le thermocautère. Hémorrhagie peu abondante ; lavage abondant de la cavité péritonéale avec de l'eau salée chaude. Suture. Pansement antiseptique. L'opération a duré quarante minutes, depuis le début de l'anesthésie jusqu'à la fin du pansement.

9 janvier au soir. — La malade a peu souffert, n'a pas vomi. Pouls à 100; température, 37°1.

10 janvier. — Nuit bonne, sans douleurs, sans vomissements. Pouls, 96; température, 37°6. Journée bonne. Température 38°; pouls 100. Par le cathétérisme, on a retiré 1,200 grammes d'urine. La malade a pris demi-litre de lait.

11 janvier. — La malade est bien. Température du soir, 37°9; pouls, 100.

16 janvier. — La température, qui n'avait atteint qu'une seule fois 38° depuis l'opération, s'est élevée à 38°9 hier soir, à 38°6 le matin. Pouls, 100. La malade éprouve quelques douleurs. Facies normal. Température du soir, 39°.

17. — Écoulement menstruel survenu sept ou huit jours avant l'époque normale. Douleurs disparues. Température : matin, 37°6 ; soir, 38.

18.—L'écoulement menstruel continue. Matin : température, 37°3 ; pouls, 88. Soir : température, 37°8 ; pouls, 100.

21. — Cessation des règles hier soir. État général bon Pansement. Sutures enlevées. Réunion parfaite.

La malade retourne chez elle le 29 janvier. M. Tédenat l'a revue au mois d'août 1886 ; elle éprouvait de temps en temps quelques douleurs légères.

L'examen de la poche a donné les résultats suivants : poche unique à paroi épaisse de 7 à 10 millimètres selon les points. Sa face interne présente de nombreux poils implantés par touffes épaisses. Ils ont une longueur variable ; quelques-uns atteignent une longueur de 20 à 30 centimètres, d'autres sont courts. Dans l'intervalle des plaques d'implantation, on trouve des plaques qui, après lavage, ont l'aspect d'une peau épaisse comparable à la peau de la fesse. En quelques points, on voit des saillies du volume d'une noix, molles, d'où la pression fait sortir des amas de matière sébacée par une foule de pertuis visibles à l'œil nu.

OBSERVATION III

(Société de chirurgie, 10 décembre 1890. Rapport de M. Routier)

M. Ricard, suppléant le professeur Verneuil, recevait dans son service, le 5 août 1890, une jeune fille âgée de vingt-quatre ans, qui, n'ayant jamais été malade, avait été prise brusquement et sans cause appréciable, le 1er avril, de douleurs vives dans la région droite de l'abdomen. Ces douleurs avait été bientôt suivies de vomissements, et ceux-ci étaient fécaloïdes dès le 3 au soir. Le ventre était ballonné, les selles et les gaz étaient supprimés depuis le début de l'accident. C'est en présence de ces accidents et, il faut bien le dire, sans diagnostic ferme, que M. Ricard entreprit la laparotomie. La main introduite dans le ventre put sentir une masse dure, irrégulière, adhérente à la paroi abdominale et aux anses intestinales. Celles-ci furent en partie sorties de la cavité. On put voir alors une masse nacrée, comme cartilagineuse, enveloppée par les anses intestinales vides, et reliée à l'utérus par un pédicule charnu de 3 centimètres de diamètre. Toutes ces adhérences furent libérées et la tumeur enlevée. Cette tumeur était formée par un kyste dermoïde à contenu d'apparence sébacée, sans poils ni autres productions. Le pédicule était formé de tissu fibro-musculaire enveloppant l'ovaire, méconnaissable extérieurement, mais non altéré. et présentant dans son épaisseur un volumineux corps jaune. La malade guérit parfaitement.

OBSERVATION IV

(Docteur Otto Engstrom, *Annales de gynécologie*, 1890, page 357)

Tumeur dermoïde de l'ovaire droit, neuvième mois de grossesse

V. K., trente-trois ans. Menstruation commencée à l'âge de seize-ans ; depuis cette époque les règles sont revenues régulièrement chaque mois, avec une durée de sept jours. Il y a un peu plus d'un an, elle commença à souffrir d'une endométrite fongueuse pour laquelle je la soignai (à la curette). Les règles, qui avaient été irrégulières pendant la maladie, revinrent régulièrement après le traitement ; les dernières ont duré du 8 au 13 octobre 1887. Forts vomissements pendant les deux dernières semaines. J'avais fait le diagnostic d'une tumeur de l'ovaire lorsque je la traitai, il y a plus d'un an ; le kyste était alors de la grosseur du poing. Elle ne voulait pas alors qu'on fît l'opération, mais à présent qu'elle se croit enceinte, elle désire être opérée. État actuel 6 décembre 1887. — Utérus mou, à courbure normale en avant, grossi comme au troisième mois de la grossesse, mobile, non douloureux. Attenant au côté droit du corps du l'utérus, une tumeur ronde de la grosseur d'une tête d'enfant, mobile et de consistance assez ferme ; ligne blanche brun foncé ainsi que les aréoles. Sécrétion lactée dans les seins. La grossesse ne paraît pas douteuse. La tumeur avait en outre gagné en grosseur.

7 décembre 1887. — Ovariatomie. La tumeur de l'ovaire droit est jaunâtre et se trouve être de nature dermoïde. Son pédicule, à la formation duquel la trompe ne participe pas, est large d'une main ; il est ligaturé avec deux ligatures partielles et une circulaire de soie. La plaie est recousue comme à l'ordinaire. Pansement antiseptique.

Kyste uniloculaire, contenant des masses pileuses et de la graisse.

L'opérée souffrit pendant les deux premiers jours de vomissements continuels. On lui administra le premier jour une seule fois, et le deuxième deux fois, XX gouttes de teinture d'opium par l'anus.

La marche de la guérison a été régulière.

La plaie fut guérie par première intention.

L'opérée se lève le 21 décembre et retourne chez elle le lendemain.

Le 15 juillet 1888, elle accoucha d'une fille vivante pesant 9 livres. L'accouchement n'avait, au propre dire de la femme, duré que deux heures. Les couches furent normales.

OBSERVATION V

(Docteur Otto Engstrom, *Annales de gynécologie,* p. 363, 1890)

V. J..., trente et un ans. Menstruation commencée à quinze ans, régulière depuis avec une durée de deux à quatre jours, accompagnée de quelque douleur. La patiente s'est mariée à dix-neuf ans, a accouché de trois enfants vivants nés à terme, du dernier il y a neuf ans. Accouchements normaux. Il y a dix ans, cette femme remarqua qu'elle avait une excroissance dans le ventre ; elle était alors de la grosseur d'une pomme de terre, mais elle atteignit peu à peu le volume qu'elle a actuellement. Elle a toujours été mobile et a été parfois le siège de vives douleurs, dont la fréquence a augmenté dans ces derniers temps. Fonctions intestinales s'accomplissant assez difficilement. Évacuation des urines régulière. Dernière menstruation vers la fin d'août de cette année.

État actuel (10 décembre 1888). — Utérus doux, courbé normalement en avant, non douloureux, mobile, grossi, le fond se trouvant presque à égale distance de la symphise et du nombril. Partie vaginale de l'utérus en angle droit avec l'axe du vagin, molle, légèrement élargie, colorée en rouge bleuâtre. Même coloration pour le vagin. Dans le bas ventre, une tumeur de la grosseur d'une tête d'enfant, mobile, très peu fluctuante, ronde, non douloureuse, reliée à la corne droite de l'utérus par un court pédicule. Grossesse non douteuse.

Le 12 décembre 1888, l'ovariotomie fut exécutée à la maison d'accouchements. Incision sur la ligne blanche. La tumeur est amenée au-dessous de la plaie ; elle est bleuâtre (non jaune), au toucher son enveloppe n'est pas huileuse, fluctuation. Ponction à l'aide d'un gros trocart ; il sort un liquide jaunâtre, épars, d'aspect sanieux, mais pendant un brusque vomissement de la patiente, il s'échappe un peu de liquide, le long du trocart ; dans la cavité abdominale. L'incision est agrandie promptement et la tumeur extraite. Elle provient de l'ovaire droit. Constriction du pédicule d'après le procédé de Lawson Tait, et en outre, par une ligature circulaire de soie faite sur deux points au-dessous de l'enveloppe péritonéale, cautérisation de la plaie (Paquelin). Toute tension du court pédicule a été évitée autant que possible. Toilette péritonéale minutieuse avec une solution tiède de sublimé aux deux millièmes. L'ovaire gauche est sain. La plaie est recousue comme à l'ordinaire par des sutures de soie profondes et par d'autres superficielles. Toute l'opération a été faite en trente-cinq minutes. Bandage de gaze iodoformée avec compression modérée.

La tumeur est un kyste dermoïde uniloculaire ; sur les côtés de l'enveloppe, de longs poils épais forment une pelote de touffes ; contenu épais, jaune, d'aspect sanieux, se figeant très vite.

Marche de la guérison régulière. Le premier jour, il fut administré XX gouttes d'opium par l'anus. Le deuxième jour, cette dose fut administrée par la même voie quatre fois, et le troisième jours, trois fois. Aucune contraction utérine sensible. Température maximum, 37°5 centigr. Maximúm du pouls, 100. Guérison de la plaie par première intention. Le 25 décembre, l'opérée se lève et deux jours après elle sort de l'hôpital.

L'opérée a laissé la relation de son accouchement. Le 25 juin 1889, elle accoucha d'une fille vivante du poids de 10 livres (4,250 grammes). Accouchement et les couches sans perturbations.

(Cas référé sommairement à la séance de la Société médicale du 30 mars 1889.)

OBSERVATION VI

Mauny, interne des hôpitaux

(Bulletin de la Société anatomique, mai 1889)

Chantreille (Camille), dix-neuf ans, institutrice, entre le 30 avril 1889 à l'hôpital Lariboisière, salle Gosselin, n° 18, service de M. Périer.

Rien à noter dans les antécédents héréditaires. Aucune maladie antérieure. Réglée à douze ans, toujours bien régulièrement jusqu'au mois d'octobre 1888. Flueurs blanches de temps en temps, mais peu abondantes. Depuis le mois d'octobre 1888 jusqu'en mars 1889, troubles de la menstruation, les règles ont manqué à deux ou trois reprises.

C'est au mois de mars dernier que la malade s'aperçoit pour la première que son ventre a augmenté de volume. A la même époque, elle ressent, et cela pendant quinze jours, de vives douleurs dans le flanc droit, avec sensation de pesanteur dans le bassin. Vomissements bilieux pendant deux jours, avec léger mouvement fébrile. Depuis, tout est rentré dans l'ordre, et le ventre ne s'est pas développé.

Dans le courant du mois d'avril, quelques légères douleurs abdominales de temps en temps, mais sans vomissements, ni fièvre. Les règles qui ne s'étaient pas montrées depuis deux mois, ont reparu dans les premiers jours de mai, accompagnées de douleurs assez fortes. On n'a jamais pratiqué de ponction exploratrice.

État actuel. — Le ventre est légèrement globuleux, symétrique, ne présentant pas la moindre bosselure, aucune inégalité.

Pas de circulation veineuse collatérale, la paroi abdominale est mobile et glisse facilement sur la tumeur. Fluctuation nette ; mais, en raison de la résistance spéciale éprouvée par la main, il est permis de dire que les parois de la poche sont épaisses. A la percussion, matité remontant à un travers de main, au-dessus du pubis. Le toucher indique une mobilité et l'indépendance absolue de l'utérus. On porte le diagnostic, kyste de l'ovaire.

Ovariotomie. — Le 15 mai, après avoir pris toutes les précautions antiseptiques d'usage, et la malade une fois endormie, on pratique l'incision de la paroi abdominale. Le kyste apparaît alors entre les lèvres de cette paroi. C'est une poche à parois lisses, mais assez résistantes sous le doigt. La main explore légèrement la surface de la tumeur et ne rencontre aucune adhérence marquée. En raison du volume de la tumeur (grosseur d'une tête d'adulte) et de la sensation qu'elle donne au doigt, M. Périer songe à un kyste dermoïde. La ponction donne un liquide chocolat assez épais. Le pédicule qui est à gauche est petit et manifestement tordu. On le sectionne entre deux ligatures au catgut. On explore le côté droit et on trouve un ovaire kystique du volume d'une mandarine. On enlève cet ovaire ; toilette du péritoine. Sutures profondes de la paroi au fil d'argent. Sutures superficielles au crin de Florence. Pas de drainage ; pansement au salol. Aujourd'hui, sept jours après l'opération, la malade va aussi bien que possible.

Examen macroscopique. — Le kyste siégeant à gauche se compose de deux portions distinctes. Une première partie qui renferme à elle seule le liquide chocolat, et la seconde, du volume d'une noix, qui, à la coupe, donne l'aspect d'une tumeur hématique, c'est l'ovaire gauche. Les parois sont épaisses et recouvertes de sallies mamelonnées.

La tumeur du côté droit n'avait pas été reconnue par l'examen. C'est un kyste dermoïde type, du volume d'une mandarine ; irrégulier à la surface extérieure. Parois jaunâtres et épaisses. Il contient des matières grasses, blanchâtres, renfermant des poils enchevêtrés. Dans un point de la poche, on trouve une dent enchatonnée dans la paroi. La couronne de cette dent présente quatre cannelures, comme cela s'observe chez certains ruminants. Par une coupe horizontale, elle donnerait l'aspect d'une croix.

La dent est reliée à la poche kystique par une sorte de

gaîne qui l'enveloppe aux trois quarts et qui peut être comparée en tous points à une véritable gencive.

OBSERVATION VII

(Communiquée par M. le professeur Tédenat)

Adèle L....., quarante-huit ans, ménagère, entrée le 7 avril 1891 pour une tumeur de l'abdomen.

Réglée à onze ans, mariée à vingt-sept ans, sans avoir eu une seule maladie jusque-là. Eut quatre enfants, couches faciles, sans incident. Depuis le dernier accouchement, il y a six ans, les règles sont devenues irrégulières, manquant parfois pendant un ou deux mois, et très abondantes quand elles venaient. Depuis deux ans, cette régularité s'est accentuée; la douleur cessait avec l'apparition des règles.

La maladie actuelle a commencé au mois d'août 1890 par de violentes douleurs dans l'abdomen, dans le flanc droit surtout, mais s'irradiant partout; ces douleurs s'exaspéraient pendant le jour pour se calmer un peu la nuit. Ces phénomènes durèrent quinze jours, puis ils se calmèrent pour reparaître dès que la malade se fatiguait.

Au mois d'octobre 1890, les mêmes phénomènes douloureux sont apparus sans cause appréciable; ils durèrent cinq jours et cessèrent à l'apparition de menstrues abondantes.

Jusque-là, le ventre n'avait pas augmenté de volume.

Depuis le mois d'octobre, la malade souffrait tous les jours de son ventre, mais son état général se maintint et son appétit se conserva. Pourtant elle remarqua que son abdomen augmentait légèrement de volume.

En février 1891, le ventre a augmenté énormément de volume dans l'espace de quelques jours; une tumeur de la grosseur d'une tête de fœtus apparaissait, les douleurs abdominales violentes reparurent.

Depuis février, les douleurs persistent, deviennent parfois plus fortes et s'irradient dans les jambes, douleurs fulgurantes, surtout dans les mollets.

Perte d'appétit, amaigrissement.

L'abdomen a un volume anormal; il est globuleux. La partie la plus saillante se trouve sur la ligne médiane au niveau de l'ombilic, même lorsque la femme est couchée. Le ventre proémine en avant, mais est aplati sur les côtés, la percussion des flancs donne de la sonorité; la percussion de la tumeur à la partie la plus saillante donne de la matité; toute la tumeur est mate; la matité s'étend en haut jusqu'à trois travers de doigt au-dessus de l'ombilic, à gauche à six travers de doigt en dehors de l'ombilic, et à droite à quatre travers de doigt en dehors.

La tumeur a commencé à droite pour se placer ensuite au milieu; elle descend jusqu'au détroit supérieur; une grande zone de sonorité est interposée entre la tumeur et la matité hépatique. Par l'exploration bimanuelle, on s'aperçoit que les mouvements imprimés à la tumeur, au niveau de l'hypogastre ne sont pas perçus par le doigt appliqué sur le col.

A la palpation, on voit que la tumeur est lisse et arrondie, qu'elle prend naissance dans le bassin. Ses parties supérieures sont arrondies et traversent l'ombilic de trois travers de doigt; sa consistance est uniformément dure, elle est complétement indolore à la pression. Son diamètre transversal égale à peu près seize centimètres.

On fait donner à la malade un bain sulfureux.

10 avril. — On lui donne un purgatif.

11. — Un lavement le matin; à huit heures, une injection sous-cutanée de morphine; à huit heures et demie, M. Tédenat fait l'ovariotomie.

L'abdomen a été rasé et bien désinfecté de la veille. On lave les téguments de nouveau à la liqueur de Van Swieten;

on sonde la malade. Asepsie parfaite de l'opérateur, des aides et de la malade. Anesthésie chloroformique. M. Tédenat commence par faire une incision longitudinale au niveau de la ligne blanche, partant de deux travers de doigt de l'ombilic et s'arrêtant à 4 ou 5 centimètres du pubis. La paroi abdominale est divisée sur la sonde cannelée couche par couche ; on arrive sur le péritoine pariétal et sur le kyste. Le péritoine est adhérent au sommet du kyste. On saisit chaque lèvre de la plaie avec un fil, depuis la peau jusqu'au péritoine ; la tumeur apparaît d'un blanc grisâtre nacré. On enfonce un gros trocart dans le kyste, il s'écoule à peu près un litre d'un liquide épais, filant, de couleur chocolat qu'on ne peut recueillir complètement. A mesure que la tumeur se rétracte en se vidant, on en saisit les bords et les parois avec les pinces à kystes ; on exerce sur elles de légères tractions, le chirurgien a une main dans l'abdomen. Il voit que le kyste provient de l'ovaire droit ; l'ovaire gauche est sain, il énuclée le kyste qui s'engage de plus en plus à travers la plaie. Le pédicule est composé du ligament de l'ovaire, du conduit des trompes.

Comme la tumeur est recouverte par le péritoine viscéral, qui n'est ici qu'une même couche épithéliale, il n'y a eu d'adhérences avec le péritoine qu'au niveau du sommet du kyste, à la paroi abdominale.

Le pédicule est saisi avec des pinces très fortes ; on le ligature avec des fils de soie parfaitement aseptiques, qu'on entre-croise comme les anneaux d'une chaîne. Puis le bout du pédicule est brûlé au thermocautère.

Rien n'est touché dans le péritoine, et il est inutile d'en faire la toilette ; on suture la paroi abdominale par deux plans de suture ; le plan profond comprend le péritoine, les muscles, la peau, et adosse séreuse contre séreuse ; le plan superficiel ne comprend que la peau.

Pansement soigné ; poudre d'iodoforme, gaze iodoformée,

coton hygroscopique en masse, bandages de corps bien serré. La malade est mise au repos complet dans une salle annexe.

Le kyste est montré ensuite à M. le professeur Kiener, qui l'examine et en donne la description suivante :

« La tumeur comprend le tissu ovarien et une partie énormément distendue, le kyste proprement dit. La trompe droite a été aussi enlevée en même temps que l'ovaire; elle est kystique. »

Donc, la tumeur se compose de deux parties:

1° La paroi d'un grand kyste, gros comme la tête d'un fœtus, renfermant des paquets de cheveux emmêlés, implantés sur la surface interne du kyste.

2° D'une partie solide, grosse comme un œuf de dinde. Le kyste renfermait un liquide grumeleux de couleur chocolat, un paquet de cheveux emmêlés gros comme un œuf d'oie. La surface interne de la paroi est lisse et blanchâtre; elle est hérissée de cheveux sur certains points; en d'autres points, cette paroi a l'aspect brillant et nacré des épidermes; en d'autres points encore, la paroi n'existe plus, en tant que paroi, mais est remplacée par un tissu pulpeux, mollasse. graisseux; c'est ce tissu qui donne naissance aux grumeaux que nous avons vu surnager dans le liquide. Sur d'autres points, des dépôts fibrineux sont adhérents à la paroi. La principale loge communique avec des loges secondaires dont elle est séparée par des cloisons incomplètes. Sur le bord libre d'une de ces cloisons, est implantée une dent ayant la forme d'une canine; une de ses surfaces est taillée en biseau. Cette dent a une couronne haute de 1 centimètre au moins; c'est la seule partie qui apparaît d'ailleurs : elle est assez solidement implantée.

La deuxième partie solide est absolument compacte, de consistance très dure, et bosselée. Par une coupe suivant son grand axe, on voit qu'elle est composée d'un tissu blanchâtre légèrement rosé, semé de taches jaunâtres d'un aspect caséeux presque confluentes. En grattant la surface de section avec un scalpel, on obtient un liquide crémeux. Dans les bosselures ou nodosités, le tissu est en voie de ramollissement caséeux ou puriforme.

11 avril. — Dans l'après-midi, après l'opération, la malade a vomi de la bile à plusieurs reprises. Elle ne souffre pas beaucoup de l'abdomen, la langue est un peu sèche. Pouls, 88 ; température, 37°5. On la sonde à cinq heures ; émission de 300 grammes d'urine claire.

12. — Sondée à six heures du matin. Émission de 385 cc. d'urines chargées d'urates ; pouls, 84 ; température, 37°4. Sondée à trois heures, 245 grammes. Pas de vomissements ni douleurs dans l'après-midi, langue bonne.

13. — Sondée à cinq heures, 250 grammes d'urine ; va bien ; pas de douleur, langue saburrale. Température, 37°.

14. — Température, 36°7. La malade se sent très bien facies normal ; sondée deux fois par jour.

16. — Pas de fièvre, aucune douleur ; facies excellent ; demande à manger. On permet le bouillon ; urine bien avec la sonde : 1,150 grammes par jour.

Température : matin, 36,6 ; soir, 36,5.

17. — Même état. Un peu plus de bouillon.

18. — Le mieux se maintient.

19. — Température : matin, 36°6 ; soir, 36°4.

20. — Température : matin, 36°4 ; soir, 36°4.

23. — Mieux continu.

25. — On fait le premier pansement, pas de pus ; les lèvres de l'incision se sont réunies par première intention, on enlève les points de suture, on lave, pansement iodoformé et ouate. Bandage de corps.

27. — La malade est constipée, lait glycériné.

30. — Elle va toujours très bien, on permet à la malade de se lever un peu.

Elle sort le 6, complètement guérie.

Examen macroscopique. — Le kyste a une poche unique dont les parois, dans les 4|5 de la circonférence, ont une épaisseur variant de 1|2 centimètre à 1 centimètre. Le 1|5 qui reste forme la base du kyste, la partie sur laquelle il reposait : ce dernier 1|5 est une masse volumineuse, épaisse de plusieurs centimètres. Composée d'un tissu compact et blanchâtre, la face interne de cette partie n'a pas de paroi appréciable comme le reste, mais forme un ramollissement, un déliquium dont les fragments forment en partie le contenu du kyste, les autres parties de ce contenu étant un liquide grumeleux et des paquets de cheveux gros comme des œufs de poule.

La surface interne de la portion amincie 4|5 est blanche comme de l'épiderme en certains points ; lisse et sans production pileuse sur d'autres points ; on voit de petits poils implantés sur elle. Sur un éperon qui divise incomplètement la poche, on voit une dent solidement implantée, il n'y a pas d'os.

Examen microscopique. — M. Kiener a examiné trois fragments de cette tumeur. Le premier fragment a été pris de la partie compacte et épaisse 1|5. L'examen porte surtout sur la partie externe de ce fragment, car la partie interne tombe en déliquium comme nous l'avons vu.

Cette portion présente les caractères les plus manifestes de l'épithélioma, c'est-à-dire une trame fibreuse, riche en cellules, encombrée de leucocythes, et dans laquelle sont des traînées cylindriques anastomosées entre elles, ou des culs-de-sac bourrés de cellules épithéliales. Dans la partie adjacente à la région externe, les épithéliums sont volumineux et possèdent des noyaux en voie de division par karyokinèse normale (figures en bâtonnets, etc.) ou pathologique (karyokinèse anormale des épithéliums, taches de chromatine, etc). A une distance de moins d'un centimètre de la face externe, tout le tissu épithélial et le stroma sont frappés de nécrose, ils ont perdu tout indice de structure en se transformant en magma caséiforme.

Le deuxième fragment a été pris sur la partie externe de la grande loge kystique, là où la paroi présentait un petit renflement ovoïde, mais où elle était aussi plus mince. Cette portion présente aussi tous les caractères de l'épithélioma. On n'y voit aucune production de bulbe pileux.

Le troisième fragment a aussi été pris sur la partie supérieure du kyste, là où la paroi est mince. Ici, on rencontre une épaisse couche de tissu conjonctif très riche en cellules, mais se nécrosant à mesure qu'on s'avance vers la surface interne. Là, plus de cellules; le tissu s'est tassé de plus en plus, est devenue hyalin et s'est nécrosé.

Conclusions. — Ce kyste dermoïde présente dans les parties épaisses de tous les fragments examinés la structure typique de l'épithélioma et se creuse de plus en plus par la dégénérescence et la fonte graisseuse de la substance. Les productions pileuses en ont disparu.

CONCLUSIONS

1° La pathogénie des kystes dermoïdes de l'ovaire est encore entourée d'obscurités. De toutes les théories émises pour l'expliquer, celle de l'enclavement nous paraît la plus naturelle et la plus scientifique. Toutefois en admettant, avec la plupart des auteurs modernes, l'origine mésodermique du corps de Wolf, l'enclavement est impuissant à tout expliquer. Pour dissiper toutes les obscurités, il faudrait admettre avec Lefranc un double enclavement, à la fois mésodermique et épidermique. Pour cela, il est de toute nécessité de se ranger à la théorie de His sur l'origine du corps de Wolf. Or cette manière de voir, quoiqu'elle ait été confirmée par les travaux récents de Flemming, demande, pour être définitivement acceptée, la confirmation de nouvelles recherches. Donc, la pathogénie des kystes dermoïdes de l'ovaire reste toujours insoluble.

2° Le plus souvent le kyste dermoïde évolue simplement, mais quelquefois il se complique de kyste prolifère, d'épithéliome, de sarcome ou de myxome.

3° Le pronostic de ces kystes est relativement favorable. Ils ne viennent jamais, sauf complications, très volumineux ; et après l'ablation complète, n'ont aucune tendance à récidiver. S'ils sont quelquefois parfaitement tolérés au point de rester toute la vie inaperçus, ils s'accompagnent fréquemment et assez tôt d'accidents douloureux ou inflammatoires.

4° Aussi une fois reconnus et lorsqu'ils ne sont plus tolérés, y a-t-il indication formelle de les enlever. On ne saurait, en effet, se contenter ici d'un traitement palliatif par les ponctions, par exemple, qui ont les graves inconvénients que nous avons indiqués. L'ovariotomie est formellement indiquée.

INDEX BIBLIOGRAPHIQUE

A. BOINET. — Traité pratique des maladies de l'ovaire et de leur traitement.

DECHAMBRE. — Dictionnaire encyclopédique des sciences médicales.

HILAIRE LEFRANC. — Thèse de Paris, 1886.

COUSIN. — Thèse de Paris, 1887.

POUPINEL. — Thèse de Paris, 1886.

CRUVEILHIER. — Anatomie pathologique.

COURTY. — Traité des maladies de l'utérus et de ses annexes.

BAILLIE. — Anatomie pathologique (traduction Guerbois).

LEBERT. — Mémoires de la Société de biologie, 1852.

FLEMMING. — Archives de physiologie, 1886.

LANNELONGUE. — Traité des kystes congénitaux.

MAUNY. — Bulletin de la Société anatomique, 1889.

VERNEUIL. — Mémoire sur l'inclusion scrotale et testiculaire.

— Archives générales de médecine, 1855.

GEOFFROY SAINT-HILAIRE. — Histoire des anomalies.

MASSE. — De l'origine des kystes dermoïdes (Congrès français de chirurgie).

TERRILLON. — Kystes de l'ovaire. Leçons de chirurgie clinique.

PÉAN. — Leçons de clinique chirurgicale.

KŒBERLÉ. — Archives de tocologie, 1878.

LAWSON TAIT. — Traité des maladies des ovaires, 1886.

DE SINETY. — Traité des maladies des femmes.

SPENCER-WELLS. — Des tumeurs abdominales, 1886.

POZZI. — Traité de gynécologie, 1889.

www.ingramcontent.com/pod-product-compliance
Lightning Source LLC
Chambersburg PA
CBHW071328200326
41520CB00013B/2905